SNA 연기스피치 시리즈

SPEECH

1

보다 나은 인간관계를 위한 실전 대화와 소통방법

마음을 움직이는 **대화법**

김 규 현 지음

연기스피치 I 저자 직강 및 동영상 강의
www.esna.co.kr

교우사

SNA 연기스피치 시리즈 · 1

마음을 움직이는 대화법

보다 나은 인간관계를 위한 실전 대화와 소통방법

초판 인쇄 | 2015년 6월 20일
초판 발행 | 2015년 6월 25일

지은이 | 김규현
펴낸이 | 오판근
펴낸곳 | 교우사

주소 | 서울특별시 동대문구 약령시로 8 교우빌딩 2층
전화 | 925-2861(대표), 925-2825(편집부), 969-5762(홈쇼핑)
팩스 | 925-2860
이메일 | kyowoo@kyowoo.co.kr
홈페이지 | http://www.kyowoo.co.kr
북스토어(쇼핑몰) | http://www.kyowoo.co.kr
등록번호 | 1994년 3월 24일 제6-0256호

ISBN 979-11-251-0102-4 (04080)
979-11-251-0101-7 (set)

값 **15,000**원

시작하며 |

마음을 움직이는 대화에는 특별한 방법이 있다

우리가 인생을 살면서 밥 먹듯이 해야 하는 것이 바로 '말'이다.

그런데 이 말이라는 것이 사람들에게 행복을 주기도 하지만, 고통과 상처를 주기도 한다.

그래서 우리는 사람들과 잘 대화하고 소통하는 방법을 배워야만 한다.

몇 년 전에 오랜만에 길에서 친구를 만났다. 그런데 그 친구가 필자에게 이런 얘길 했다. "반갑다. 근데 너 차가 이게 뭐냐? 차 좀 바꿔 큰 차나 외제차로." 하면서 그대로 길을 갔다.

사실 차에 대한 생각이 별로 없었지만 그런데 갑자기 오랜만에 만난 친구가 그런 얘길 하니 왠지 기분이 좋지 않았다.

말을 할 때, 그리고 사람을 만날 때 어떤 모습으로 얘기하고, 어떻게 얘기하는지를 생각하는 것은 너무나 중요하다.

무턱대고 상대방에게 내 의견을 말하거나 조언을 구하거나 부탁을 해서 상대방과 나의 관계가 언짢아진 적이 있지 않은가?

어떻게 부탁을 하고 조언을 하며 거절을 하는지에 따라서 상대방의 마음을 열 수도 있고 관계가 닫힐 수도 있다. 따라서 우리는 마음을 여는 대화의 방법을 알아야 한다. 그것을 통해 우리는 보다 나은 인간관계, 원만한 인간관계를 형성할 수 있다.

마음을 움직이는 대화에는 특별한 방법이 있다.

첫 번째는 말을 할 때 센스 있는 말과 표현으로 상대방의 마음을 여는 능력이다.

그들은 어휘구사를 할 때도 남다르다. '현인처럼 생각하고 범인처럼 말하라.'라는 말이 있듯이, 마음을 움직이는 사람들은 상대방을 편안하게 해주면서 그 안에 핵심과 유머가 있어 사람들로 하여금 귀를 기울이게 한다.

또한, 비언어적인 표현이다. 우리가 말을 할 때 논리적으로 얘기하는 것과 더불어 그 상황에서 어떤 표정과 말투 그리고 제스처를 하느냐에 따라 상대방의 마음을 움직일 수 있기 때문이다. 그들은 화술과 표현에서 생동감이 있다. 말을 할 때 듣기 싫은 사람이 있고 듣고 싶은 사람이 있지만, 마음을 움직이는 사람의 표현에는 생생함과 생기가 넘쳐 듣는 이로 하여금 시선을 끌게 한다.

두 번째로 상황에 맞는 대화이다.

살면서 우리는 싫은 말을 할 때, 부탁할 때, 조언할 때, 거절할 때 등 수많은 환경 속에서 대화해야 한다.

말을 할 때 상대방이 기분이 상하지 않으면서 요구를 들어주게 하는지, 상대방을 불쾌하지 않게 하면서 거절을 하는지에 대한 방법이 상대방의 마음을 열게 한다.

마지막으로 마음을 움직이는 소통이다.

가족, 직장, 친구, 연인, 부부 등 사람 관계에서는 갈등이 생기기 마련이다. 그리고 대부분은 그런 갈등을 잘 풀지 못하고 답답해한다.

하지만 마음을 움직이는 소통은 갈등이 생겼을 때 그 갈등을 원활하게 해결해 가는 방법이다.

만약, 한 마디 말을 하더라도 '상대방의 마음을 움직이는 방법'을 원하는 분이나, 사람과의 만남에서 '원활한 인간관계'를 원하는 하는 분이 있다면 이 책이 많은 도움이 될 것이다.

이 책에서는 대화를 할 때의 마음을 여는 방법에 대해 대화의 구체적인 예시로 풀어가고 있다. 그래서 이 책을 읽고 난 후에는 누구나 마음을 움직이는 대화와 소통에 대한 해답을 찾을 수 있을 거라 확신한다.

2015년 봄

김규현

차 례

Part 3. 상황별 실전 대화법

Part 4. 남녀 사이의 대화법

Part 5. 친구 사이의 대화법

Part 6. 직장에서의 대화법

Part 7. 부부 사이의 대화법

Part 8. 가족의 대화법

part 1.
마음을 움직이는 대화와 소통

1
마음을 움직이는 대화

사람을 대하는 데에 있어 어려움을 겪은 적이 있지 않은가?

상대방을 위하는 마음에 조언을 했는데 상대방이 기분이 나쁘거나 적절한 타이밍을 찾지 못해서 상대방과의 관계가 소원해지는 경우가 많다.

그런데 어떤 사람들은 상대방과의 맘을 움직여서 호감을 얻는다. 그 사람들을 유심히 관찰해보면 몇 가지 특징이 있다. 먼저 인상이 좋다. 그 사람의 외모가 잘생기고 잘생기지 않고를 떠나 그런 사람들은 공통적으로 사람을 기분 좋게 하는 인상을 지니고 있다.

또한, 상대방의 마음을 움직이는 사람은 기분 좋게 대화를 하고 소통을 한다. 즉, 어떤 사람과 말을 하면 기분이 나빠지거나 지루한 경우가 있는 반면, 자꾸 대화하고 싶어 하고 말을 걸어보고 싶은 사람이 있다.

마음을 움직이는 대화를 하는 사람들은 후자에 해당한다. 그들의 대화를 관찰한 적이 있는가?

먼저 그들은 비언어적인 표현이 뛰어나다.

여기에서 비언어적인 표현이란 대화의 내용이 아니라 대화를 할 때의 태도와 표현을 얘기한다. 가령, 우리가 '안녕하세요.'라는 얘기를 할 때 '안녕하세요.'라는 언어보다 더 반가움을 느끼는 것은 그 말을 할 때의 그 사람의 반가운 표정과 고개를 숙이는 행동에서이다. 또한, 우리가 연인에게 고백할 때도 '좋아해'라는 말보다 '좋아해'를 할 때의 떨리는 몸짓과 상기된 표정 그리고 떨리는 목소리에서 감동을 줄 수가 있다.

설득을 할 때도 마찬가지이다. 물건을 살 때 무뚝뚝하게 '조금만 깎아 주세요.'라고 말하는 것과 미소를 지으며 기분 좋은 목소리로 '조금만 깎아 주세요.'라고 말하는 것은 상대방에는 전혀 다른 느낌을 줄 수가 있다.

따라서 목소리, 감정, 제스처 등 비언어적인 표현을 잘하는 사람이 사람들과의 대화에 있어 마음을 얻을 수가 있다.

또한, 그들은 적재적소의 상황에 맞는 대화를 잘한다.

사과나 용서, 부탁이나 거절 등 감정을 숨겨야 할 때 그리고 감정을 표현해야 할 때의 상황에 맞는 적절한 대화를 하는 능력이 탁월하다.

우리는 살면서 수많은 사람과 만나야 하고 때로는 원하든 또는 원하지 않던 관계를 맺어야 한다. 그렇기 때문에 사람들과의 관계나 상황에서 적절한 그리고 센스 있는 대화를 할 수 있는 능력이 있느냐 없느냐는 상대방의 마음을 얻을 수 있는 척도가 될 수가 있다. 즉, 어떤 상황에서 어떤 대화를 하느냐에 따라 상대방에게 마음을 얻을 수도 있고 상대방에게 불쾌감을 줄 수도 있게 되는 것이다.

마지막으로 그들은 갈등이 생겼을 때 대처를 잘한다.

사실 어느 정도 연습을 하면 재미와 감동을 줄 수 있는 대화를 할 수 있다. 하지만 갈등을 잘 대처하느냐 그렇지 못하느냐에 따라 그 사람의 인성과 품격을 엿볼 수 있다.

친구, 가족, 직장, 연인관계 등 모든 인간관계에 있어 갈등은 존재한다. 그리고 갈등을 어떻게 대처하느냐에 따라 다시는 보고 싶지 않은 사람으로 낙인찍힐 수도 있고 성숙한 사람으로 평가가 되기도 한다.

마음을 움직이는 대화를 하는 사람들은 대화도 잘하지만 갈등이 생겼을 때의 소통도 원활하다.

왜냐하면 단순히 말을 잘하는 것보다 인간관계에 있어서 대화를 잘하는 것이 그리고 말을 번지르르하게 얘기하는 것보다 한 마디 말을 하더라도 값지게 하는 것이 그 사람의 품격을 좌우할 수 있는 척도가 되기 때문이다.

어렸을 때는 외모가 잘생기고 예쁘거나 재미있게 말하는 사람이 호감이 갔다면 나이를 먹을수록 한마디를 하더라도 인성과 품격이 느껴지는 사람에게 호감이 간다.

따라서 마음을 움직이는 대화의 방법을 아는 것은 상당히 의미가 있다.

2 소통 아니면 고통

우리는 인생에서 수많은 사람과 말을 하고 인간관계를 맺는다. 대화와 관계는 사람을 행복하게도 하지만, 커다란 불행을 일으키기도 한다.

대화는 상대방과 말을 주고받는 것을 말하고 소통은 상대방과 말이 통하는 것을 의미한다. 원활한 대화와 소통이 되지 않으면 그래서 고통이 된다.

왜냐하면, 산다는 것은 누군가와 끊임없이 관계를 맺고 소통을 한다는 것이기 때문이다.

만약 여러분이 누군가와 즐거운 대화를 할 수 있고 원활한 소통을 한다면 인생이 즐거울 것이다. 하지만 불행하게도 대부분의 사람은 타인과의 대화와 소통으로 인해 갈등과 고통을 받고 있다.

필자의 경우 사람과의 대화와 소통에 있어서 심각하게 고민한 적이 있었다. 왜냐하면, 학창시절엔 친구가 많지도 않았고 친구들과의 관계에 있어서도 편하지가 않았기 때문이었다. 대학에 들어와서 대화와 소통의 방법에서 문제가 있었다는 것을 깨달았다.

지인들이나 친구들과의 대화에 있어서 어떤 소재를 가지고 얘기를 해야 할지, 어떻게 반응해야 할지, 갈등이 생겼을 때 어떻게 대처해야 하는지에 대한 방법에 미숙했던 것이다.

그리고 생각했다. '조금만 더 일찍 대화하는 방법과 소통하는 법을 알았어도 인간관계에 있어 행복할 수 있었을 텐데'라고 말이다.

하지만 이미 지나간 과거이기에 후회하지 않았다.

여러분도 그런 경험이 있지는 않은가?

말 한마디로 인해 친구를 잃어버린 적이 있거나, 또는 오해를 사거나 관계가 소원해 진 경험이 있지 않은가?

만약 이 책을 읽는 사람 중에 필자와 같은 생각을 했거나 지금 그러한 문제 때문에 고민이 있다면 다시 한 번 대화와 소통에 관해 생각해 봐야한다.

왜냐하면 우리의 인생은 길고, 우리가 알아가야 하는 관계를 맺어야 하는 사람은 다양하기 때문이다. 그렇기 때문에 우리는 대화하는 법, 소통하는 방법에 대해 알아야 하는 것이다.

만약 우리가 누군가와 제대로 대화를 하지 못하고 갈등이 생기고 소통에 문제가 생긴다면 우리의 삶의 질도 피폐해 질 수 있기 때문이다.

3

갈등은 어디에서 오는가?

그렇다면 이 갈등은 어디서 오는 것일까? 바로 '소통의 부재'에서 오는 것이다.

자신만을 생각하는 대화, 상대방을 배려하지 않는 관계, 이기적인 일방향적인 소통 이 모든 것이 소통의 부재에 해당한다.

그리고 그러한 소통의 부재는 인간관계에 갈등을 일으킨다.

쉽게 말해 갈등은 타협의 부족과 이해의 부족에서 비롯되는 것이다.

다음은 어느 평범한 집안의 엄마와 딸의 이야기다.

엄마 : 너 성적이 이게 모니? 이번에 반에서 5등 안에 들기로 했잖아!

딸 : 나도 그렇고 싶은데 그게 내 맘대로 안 되니까 그렇죠. 누군 공부 잘하고 싶지 않은 줄 알아?

엄마 : 과외도 시키고 할 수 있는 건 다 하는데도 왜 안 돼? 그게 다 네 노력이 부족해서야.

딸 : 나도 할 수 있는 건 다했는데 뭘… 왜 나한테만 모라 그래?

엄마 : 이게 뭘 잘했다고 대들어?

딸 : 난 말도 못해? 그만 좀 해 제발!

엄마 : 그러려면 나가! 당장!

이번엔 어느 기업의 상사와 부하의 대화이다.

박 차장 : 이 대리, 이번에 보고서 어떻게 됐어? 그때 수정하란 거 제대로 했어?

이 대리 : 네 지금 하고 있습니다.

박 차장 : 지금이 언제야? 지금이 벌써 몇 번째냐고?

이 대리 : 죄송합니다.

박 차장 : 죄송? 잘하는 게 없으면 눈치라도 있어야지. 이건 뭐 꿔다 놓은 보릿자루야?

이 대리 : …

박 차장 : 왜 기분 나빠? 기분은 나쁜 걸 아나보지?

마지막으로 어느 연인의 대화를 들어보자.

지석 : 대체 뭐가 문제야? 왜 연락이 안 됐냐구?

미선 : 회사가 정신이 없어서 답장을 못했어. 내가 일부러 그런 게 아니잖아.

지석 : 그럼 메신저로 얘기할 수도 있었잖아.

미선 : 오늘은 그럴 분위기 아니었어…

지석 : 너 변했다. 예전엔 안 그랬는데… 내가 싫어진 거야?

미선 : 그런 게 아니야. 오해야. 왜 그래 진짜? 나도 힘든데…

지석 : 그래, 나 때문에 힘들겠지… 이럴 거면 헤어지자…

여러분은 어떤 부분에서 갈등이 비롯되었는지 눈치 챘는가?

첫째 엄마와 딸의 대화에서는 엄마의 지나친 욕심이 일방적인 소통을 낳았고, 두 번째 회사에서 상사와 부하의 대화에서는 소통이 인신공격으로 변했고, 세 번째 연인의 대화에서는 소통이 극단적인 상황으로 가버렸다.

이처럼 갈등은 대화와 타협이 원활이 되지 않았을 때, 그리고 상대방의 일방적인 입장만 얘기할 때 비롯되는 것이다.

4
역지사지의 중요성

"내게 그런 핑계를 대지 마. 입장 바꿔 생각을 해봐" 90년대에 나왔던 노래의 한 구절이다.

역지사지라는 말은 바로 입장을 바꾸어 생각을 하라는 얘기이다.

직장에서나 가정에서나 연인, 친구사이에서나 바로 이 '역지사지'가 되지 않기 때문에 불화가 생기는 것이다.

이러한 것들에 대해 우리는 사실 이미 다 알고 있다.

그런데 왜 그것이 실행되기엔 어려움이 따르는 걸까?

그 이유는 시대가 급변하면서 점점 자기 위주의 생각과 남을 배려하지 않는 환경으로 가고 있기 때문에 사람들 역시 남의 말을 듣지 않고 자기 위주로 행동하는 것이다.

즉, 사회가 '센 사람'을 원하고 있다고 생각하기 때문이다.

그렇다면, '센 사람'의 정의는 무엇일까? '센 사람'은 고집불통의 사람이 아니라, 사회에서 요구하는 '센 사람'은 자기 의견을 정확히 피력할 수 있고, 강한 리더십을 갖고 있는 사람을 말하는 것이다.

즉, 남의 말을 인정하고 배려하면서 자신의 의견을 내세우는 사람이 성공하는 것이지, '남의 말을 무시하고 자신 만이 옳다'라는 식으로 생각하는 사람은 절대 오래 절정의 위치에 이를 수 없다.

지금 사회에서 흔히 성공한 사람들, 그리고 주위에서 사람들의 인기를 한 몸에 받는 사람들의 공통점은 '역지사지'를 잘 한다는 것이다.

자신의 의견을 피력하거나 어떠한 요구를 하기 전에, 상대방의 입장에서 몇 번의 생각을 해보고 그리고 나서 행동을 한다면 생각과 인격의 그릇이 달라질 수 있다.

사실 필자 역시 20대 때는 '나 혼자 잘살면 되지 왜 내가 남의 비위를 맞춰야 하지?'라는 생각을 많이 했다.

그래서 독불장군식의 생각과 행동으로 타인에게 상처도 많이 줬다. 그게 다 그 당시엔 인격의 그릇이 작아서였다.

예전에 대학교에서 캠퍼스 커플이었을 때, 학교에서 손을 잡는 것이 창피하고 부끄러워 선배나 동료가 볼 때면 매몰차게 여자 친구의 손을 뿌리쳤던 적이 있었다.

그런데 그 때 여자 친구의 입장에서 생각해본다면, 충분히 '이 남자는 내가 부끄러운가?'라는 생각이 들 수 있게끔 오해할만한 행동이었다. 그것이 감정의 교감이고 만약 그러한 사유가 있다 해도 그것을 납득할 만하게 가령, '지금 난 네가 너무 좋은데, 내가 이러한 이유는 우리의 만남이 노출되면 오히려 그게 피곤해질까봐야'라는 동의를 구했다면 아마 여자 친구는 서운함이 없었을 것이다.

그만큼 역지사지는 상대방을 배려하는 마음이고 또한 상대방을 존중하는 배려이다.

5
진심으로 들어라

'**상대방의 말을 듣는다.**'는 것이 무엇일까?

'들리는 것'과 '듣는 것'은 차이가 있다. 들리는 것이 귀가 있기 때문에 소리를 듣는 것이라면, 듣는 것은 무엇인가를 주의 깊게 자의적으로 듣는 것을 얘기한다. 즉 경청이란 들리는 것이 아니라 듣는 것이다.

상대방의 얘기를 주의 깊게 진심으로 마음으로 이해할 때 그때야 경청이라고 할 수 있다.

상대방의 눈을 바라볼 것

진심으로 들어줄 것

마음으로 이해할 것

반응을 해주면서 들을 것

긍정적으로 호응할 것

아빠와 아들이 얘기한다.

아빠 : 지금 뭐하니?

아들 : 공부해요.

아빠 : 요새 무슨 고민 있니?

아들 : 아니요 없어요.

아빠 : 그런데 안색이 왜 그래?

아들 : 원래 그래요.

아빠 : 그렇구나.

연인 사이의 대화이다.

희철 : 그러니까, 뭐가 문젠데?

소희 : 내 친구 성미 있잖아, 그 애가 먼저 자존심을 긁잖아. 그래서 내가 그렇지 말라고 그만하라고 했더니 나보고 막 모라고 해서 나도 열 받아서 같이 받아쳤어.

희철 : 그럼 성미가 문제네.

소희 : 누구의 문제보다 이런 상황이 짜증이 나. 그래도 친구인데 어떻게 나한테 그럴 수 있어? 친구면 서로 아껴주고 그래야 하는데… 더 어색해 질 것 같아.

희철 : 그럼 둘이 화해해.

소희 ; 화해보다 어떻게 이 냉랭한 분위기를 극복할지가 문제지.

희철 : 암튼 둘 다 문제야.

저 위의 대화들은 전부 '자기위주의 듣기' 즉, 듣고 싶은 것만 듣는 버릇에서 비롯된 것이다.

듣는 다는 것은 마음을 헤아린다는 것이지 소리를 듣는 것이 아니다. 상대방의 말을 진심을 기울여서 들어보라. 그러면 상대방이 원하는 게 무엇인지, 그리고 어떤 부분 때문에 힘들어하는 지를 잘 이해할 수 있다.

이번엔 자기위주의 듣기가 아닌 상대방의 입장에서 들어줄 때의 모습이다.

아빠와 아들이 이렇게 얘기를 하면 어떨까?

아빠 : 지금 뭐해?

아들 : 공부해.

아빠 : 요새 무슨 고민 있어?

아들 : 아니 없어.

아빠 : 그런데 안색이 왜 그래?

아들 : 원래 그래.

아빠 : 아냐, 무슨 고민이 있는 것 같은데, 안색이 다른데 뭐.

아들 : 그냥 그래.

아빠 : 얘기해 봐. 아빠도 네 나이 때 여러 가지 고민이 많았어, 학교생활 때문이야?

아들 : 그냥… 좀…

아빠 : 음. 학교가 많이 널 힘들게 하는구나, 괜찮으니까 말해봐. 친구 문제?

아들 : 어.

연인의 이런 대화는 소통이 되기 시작한다.

희철 : 그래 말해봐. 둘이 어떻게 된 거야?

소희 : 내 친구 성미 있잖아, 그 애가 먼저 자존심을 긁잖아. 그래서 내가 그렇지 말라고 그만하라고 했더니 나보고 막 모라고 해서 나도 열 받아서 같이 받아쳤어.

희철 : 음. 그 상황에서 네가 좀 당황했겠네.

소희 : 응 맞아, 우리 둘이 되게 친했는데 이번 일로 사이가 좀 멀어지게 될까봐 그게 고민이야.

희철 : 이런 일로 둘이 멀어지면 좀 그렇지, 내 생각엔 지금은 서로 조금 화를 누그러뜨리고 그리고 나서 편안하게 얘기하는 게 나을 것 같은데…

소희 : 응 그것도 좋은 생각이네.

희철 : 암튼 둘이 잘 얘기했으면 좋겠다.

듣는 다는 것은 자기 위주로 자기 식으로 애기를 듣는 것이 아니라 상대방의 입장에서 상대방의 마음을 헤아리는 것이 듣는 것이다. 즉 귀로 듣는 것은 들리는 것이지 이해하거나 공감하는 것이 아니라는 것이다.

급변하는 시대일수록, 빠름을 요구하는 시대일수록 '자기위주의 생각'역시 가속화 될 소지가 다분하지만, 그러면 그럴수록 사람관계는 더욱 소원해 질 수밖에 없다.

결국 좋은 리더가 되고 높은 위치에 오르려면 능력뿐만 아니라 얼마나 잘 사람들과 소통할 수 있는가가 관건이기 때문이다.

6

상대방의 입장에서 대화하라

공통관심사를 가지고 얘기할 것
(날씨, 취미, 여행, 음식, 교육, 스포츠 등)
상대방의 얘기를 경청하고 공감해 줄 것
즐겁고 긍정적인 얘기를 할 것
상대방의 말을 적극적으로 인정, 호응할 것

한국 사회만큼 대화가 부족한 나라도 드물 것이다.
그리고 말을 하는 것과 대화를 하는 것은 좀 의미가 다르다.
말을 한다는 것은 말 그대로 말, 음성언어를 기호화한다는 것이고,

대화한다는 것은 상대방과 이성적 감성적 교류와 소통을 한다는 의미이다.

일단 대화를 할 때는 공통관심사를 가지고 얘기하는 것이 좋다. 상대방과 공감할 수 있는 얘기를 찾으려면 공통으로 느끼는 관심사가 중요하다. 그러고 나서 자연스럽게 분위기가 편안해질 때, 개인 관심사로 들어가야 상대방이 불편함을 느끼지 않는다.

이번에는 어느 소개팅에서의 대화이다.

남 : 안녕하세요.

여 : 네, 안녕하세요.

남 : 음… 저 같은 스타일 어떠세요?

여 : 네? 저 이제 처음 봐서 잘 모르겠는데요.

남 : 에이, 딱 보면 몰라요? 저 어떤 사람일 거 같아요?

여 : 글쎄요.

남 : 가족관계가 어떻게 되세요?

여 : 죄송한 데 제가 일이 있어서요. 먼저 일어날게요.

정말 대화를 하는 방법을 모르는 남자에 답답함을 느끼는 여자의 소개팅 유형. 생각만 해도 끔찍하다. 우리가 누군가와 대화를 한다는 것은 그 사람과에 대해 알기 위함이요, 교류하기 위함이다. 그런 의미에서 마치 '은근한 불이 조청을 만들듯이' 서서히 침투하는 것이 중요하다.

남 : 안녕하세요.

여 : 네, 안녕하세요.

남 : (여자의 테이블에 있는 책을 보며) 책을 좋아하시나 봐요?

여 : 아 네. 제가 시나 수필종류를 좋아해요. 책 좋아하세요?

남 : 예전엔 좋아했는데, 요새는 잘 안 읽게 되더라고요. 다시 열심히 읽어야죠.

여 : 하하하. 저도 요새 들어 읽기 시작했어요. (중간생략)

남 : 개인적으로 어떤 영화를 좋아하세요?

여 : 저는 멜로나 로맨틱코미디 좋아해요.

남 : 아 저도 그런 장르 굉장히 좋아해요. 나중에 시간 되면 같이 보러 가요.

지금처럼 대화하는 것이 좋은 방법이다. 처음에 상대방과 교감할 수 있는 주제와 소재를 중심으로 해서 상대방을 편하게 해 주고, 어느 정도 교감을 가졌을 때, 개인적인 대화로 이어가야 한다. 그렇지 않으면 상대방은 부담을 느끼고 불편함을 가지게 된다.

친구나 가족과 같은 편한 관계에서는 공통관심사의 과정을 지나쳐도 되지만, 특히 처음 만난 자리나 지인과의 대화에서는 그러한 과정을 거치는 것이 상대방을 배려하는 것임을 잊지 말아야 한다.

상대방과 공통관심사나 개인적인 얘기를 함에 있어서 호응과 공감만큼 중요한 것은 없다.

다음은 어느 모자의 대화이다.

엄마 : 너 요새 안색이 왜 이리 안 좋아?
무슨 일 있는 거 아냐?

고2 : 아냐 그런 거 없어.

엄마 : 얘기해봐. 어디 아파?

고2 : 아 그냥 힘들어서 그래.

엄마 : 왜 뭐가 힘든데?

고2 : 공부하는 게 힘들어.

엄마 : 공부하는 거 힘들지 하지만 다 힘들어. 아빠도 힘들고

고2 : 그래 알았어. 엄마한테 얘기해봤자 의미가 없지.

엄마 : 네가 얘길 안 하니까 그렇지.

고2 : 얘길 하면 뭐하냐구. 대화가 안 되는데.

엄마 : 지금껏 대화했잖아.

고2 : …

대화에서 중요한 것은 상대방과의 교감이다. 지금 위의 대화에서 엄마는 자식과 전혀 공감이나 교감하는 노력이 보이지 않는다. 교감이 되지 않으면 더 이상 대화를 이뤄나가기가 어렵다. 처음 만난 사람과 대화를 할 때는 가급적이면 긍정적인 얘기를 하는 것이 좋지만, 가족이나 친한 사이에서는 때로는 허심탄회한 얘기를 할 때도 있으므로 그때는 공감을 할 수 있는 호응과 진심어린 반응을 하는 것이 무엇보다 중요하다.

두 모자가 이렇게 대화를 하면 어떨까?

엄마 : 너 요새 안색이 왜 이리 안 좋아? 무슨 일 있는 거 아냐?
고2 : 아냐 그런 거 없어.
엄마 : 얘기해봐. 어디 아파?
고2 : 아 그냥 힘들어서 그래.
엄마 : 그치 많이 힘들지. 공부할 것도 산더미고 너두 사람인데 지칠 만도 하지.
고2 : 응 그냥 이것저것. 생각만큼 쉽지 않아.
엄마 : 공부하는 거 힘들지. 나도 예전에 너무 힘들어서 얼마나 많이 울었는지 몰라.
고2 : 엄마도 그랬어? 그땐 좀 더 쉽지 않았나?

엄마 : 지금이야 공부할 부분도 많고 또 성적에 대해 민감해서 그렇지만 엄마 때에도 스트레스는 많이 받았지.

고2 : 그랬구나. 어휴 모르겠어. 엄마. 공부가 그렇게 중요한지도 모르겠고…

엄마 : 하기야 무조건 공부만을 강요하니 더 스트레스겠지.

고2 : 맞아.

대화라는 것은 상대방과의 교감이다.

상대방의 입장을 배려하지 않고 자기위주로 자기가 듣고 싶은 말만 들으려 할 때는 교감이 원활하게 되지 않고, 얘기가 겉돌거나 공허해질 뿐이다. 대화를 하려면 자신의 생각에서 한 발짝 물러나 상대방의 입장에서 생각해보라.

그러면 혼자만의 말이 아닌 상대방과의 소통의 대화가 될 것이다.

7

합리적으로 타협하라

타협…

민주주의의 원칙이기도 한 '대화와 타협'이 실제로 참 실행되기 어려운 말이기도 하다.

왜 실행되기 어려울까?

그 이유는 바로 '고집과 자존심' 때문이다. 자기 생각에 입각하고 자신만의 고집을 피우고 상대방을 배려하지 않는다면 절대 타협은 이루어지지 않는다.

우리가 타협하려는 이유는 무얼까? 그것은 바로 원활한 인간관계를 유지하기 위함이다. 만약 우리가 관계를 유지하고 소통을 하려

한다면 타협은 불가피하다. 왜냐하면, 내 생각과 상대방의 생각이 반드시 일치하지 않기 때문에 갈등이 생길 수밖에 없다. 갈등이 생기는 것은 관계를 형성하면서 매우 자연스러운 현상이다.

중요한 것은 '갈등이 생기는 것이 아니라, 갈등이 생겼을 때 어떻게 해결해 나가는가.'이다.

다음은 어느 남녀의 데이트 대화이다.

철수 : 오늘 뭐 할까?

영희 : 오늘은 비 오니까 분위기 좋은 카페에 가자~

철수 : 비 오는 날은 동동주에 파전이지~

영희 : 이번에 새로 생긴 카페가 있는데 그렇게 분위기가 좋데~

철수 : 아, 오늘은 정말 동동주가 댕기는데…

영희 : 내 의견보다 동동주가 더 중요해?

철수 : 아니 그런 게 아니지.

영희 : 됐어, 나 집에 갈 거야.

대륙의 흔한 남녀 간의 대화이다.

여기서 문제가 생긴다.

바로 철수는 비가 오니까 동동주가 먹고 싶고, 영희는 새로 나온 영화가 보고 싶은 것이다.

그런데 문제는 서로 양보를 안 하는 것이다. 정확히 얘기하면 타협을 안 하는 것이다.

그렇다면 타협은 어떻게 하는 걸까?

철수는 동동주, 영희는 카페.

이럴 경우에 네 가지 타협 시나리오가 가능하다.

첫째는 철수가 양보하는 것이다. '그래. 오늘을 비도 오니까 분위기 좋은 카페에 가자.'

둘째는 영희가 양보하는 부분이다. '오늘은 오빠 말대로 동동주를 마시고 담에 카페가자.'

셋째는 카페도 있고 동동주도 있는 장소에 가는 것이다. 사실 이 경우가 가장 이상적인 타협의 방법이지만, 두 가지가 함께 공존하지 않은 경우에는 힘든 부분일 수도 있다.

마지막으로 서로 취향이 너무 다르니 영희는 카페에 가고 철소는 동동주를 마시고 그 이후에 보는 것이다. 그리 추천할 수 있는 타협 방법은 아니지만, 둘 사이의 갈등보다는 이 역시 지혜로운 방법이라 할 수 있다.

그렇다면 다음 대화는 어떨까?

아버지 : 너 무슨 대학을 갈지 생각했어?

아들 : 나 실용음악과 갈래.

아버지 : 뭐? 실용음악? 네가 단단히 미쳤구나.

아들 : 실용음악이 뭐가 어때서?

아버지 : 거기 나와서 밥 빌어먹고 살래?

아들 : 그러니까 아빠랑 대화가 안 되는 거야.

아버지 : 뭐? 내가 고작 거기 보내려고 등록금 내는 줄 알아?

아들 : 휴우

흔한 부자간의 대화이다.

이 대화의 문제가 무엇일까? 바로 서로의 의견에 대한 존중보다 자신의 의견만을 이해 받으려하는 이기심이다.

자신의 생각과 고집은 결국 상대방에게는 아집으로 비춰지게 되고 그것은 갈등으로 야기될 수밖에 없다.

아버지와 아들이 다시 대화를 한다.

아버지 : 너 무슨 대학을 갈 지 생각했어?

아들 : 나 실용음악과 갈래.

아버지 : 뭐? 실용음악? 그건 네가 나한테 얘기한 적 없잖아.

아들 : 어, 근데 진짜 가고 싶어.

아버지 : 그 과에 대해서는 충분히 그리고 현실적으로 생각해 봤어?

아들 : 어. 여러 가지로 알아봤는데 내가 가장 잘 할 수 있는 게 실용음악 같아.

아버지 : 음… 충분히 더 생각해 보자.

아까의 대화보다 훨씬 더 상대방의 생각에 대한 존중이 있는 대화였다.

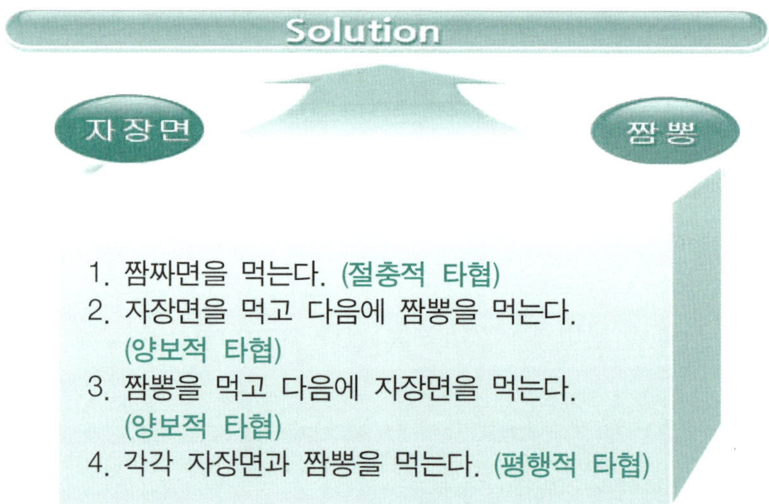

갈등이 생겼을 때는 또는 갈등을 해결하기 위해서는 반드시 상대방의 입장에서 생각하는 것이 중요하다. 무조건 양보를 하라는 것이 아니라, 자신이 양보를 할 수 있는 최대치의 범위 내에서 타협을 해야 한다.

타협의 종류는 세 가지가 있다.

서로가 윈윈할 수 있는 절충적 타협, 어떤 부분을 먼저 양보하고 상대방에게 조심스럽게 양보를 권유하는 양보적 타협, 마지막으로 시간을 갖고 다시 얘기를 하거나 일단 그 위기 상황을 피하는 평행적 타협이 있다.

어떤 타협이 '백 프로 맞다.'라고 단정할 수는 없다. 왜냐하면, 가장 좋은 타협은 상황에 맞게 상대방에 따라, 갈등의 원인에 따라 맞게 조율하는 것이다. 타협은 감정적으로 관계를 그르치거나 자신의 생각을 고집하는 것보다는 훨씬 합리적인 방식이다.

타협은 존중에서 비롯된다. 자기 자신만을 생각한다면 절대로 타협은 이뤄질 수 없다. 그렇다면 왜 타협을 하지 않을까? 개인주의적 사회에 살고 있는 현재에 타협만큼 어려운 것이 없다. 내 의견은 중요한 데 남의 의견을 내 의견만큼 중요시하지 않기 때문이다. 더 정확히 말하면 '자기중심적 사고' 때문이다.

이 '자기중심적 사고'를 버리면 그때부터는 타협을 할 수 있다. 타협은 타인을 존중하고, 남도 나만큼 중요하다는 생각에서 비롯된 것이므로…

요즘의 각박한 세상을 보면서 많은 것을 느낀다. 과연 이대로 가도 괜찮을까? 기술의 발전만을 추구하는 것보다 인간미가 존재하는 테크놀로지를 만들어야 하는 것이 아닐까 하는 생각 말이다. 지금 우리의 생각이 이대로 머문다면, 그리스처럼 될 수도 있다.

미래세대를 위해서라도 우리는 변화해야 한다. 아이슬란드처럼 스스로 깨달아서 우리의 젊은 세대들이 더욱 따뜻하고 소통하는 사회를 만들기 위해 노력해야 한다. '나만 아니면 돼.'라는 생각이 지금 우리나라에 만연해 있다. 지금 그러한 이기심과 불통으로 인해 얼마나 많은 사람들이 고통 받고 있는가. 기성세대와 젊은 세대 간의 갈등, 남자와 여자의 연애와 결혼갈등, 지역갈등 등, 너무나 많은 곳에서 극단적인 분쟁과 불통이 일어나고 있다.

그것은 모두 한가지로 귀결된다. 결국 '배려'이다. 내가 중요한 것처럼 타인의 의견을 존중하고, 내 자식이 중요한 만큼 남의 자식도 중요하다는 생각을 한다면, 우리도 얼마든지 덴마크나 스웨덴처럼 '사람이 살만한 사회', '이웃과 어울리는 사회'를 만들 수 있다. 그런 사회, 그러한 살맛나는 세상을 만들기 위해서는 서로에 대한 배려가 너무나 중요한 요소일 것이다.

8
보다 나은 인간관계를 위해

소통은 정말 커다란 힘이 있다.

현대 사회가 삭막한 이유는 바로 소통의 부재라고 해도 과언이 아닐 정도이다.

개인 간의 소통, 가족 간의 소통 그리고 단체 소통 등 다양한 소통이 있다.

소통은 관계이다.

생각해 보면 인간관계에서 근본적인 문제는 소통이 원활하게 되지 않아서 발생하는 경우가 대부분이다.

예를 들면, 가족 간의 다툼과 분쟁도 서로 간의 기대치가 높기 때문에 또는 가족이라는 명 목하에 무관심과 익숙함으로 소통을 막는 경우도 있고, 애인 사이에서도 처음에는 대화로 많이 오해를 풀었지만, 시간이 갈수록 익숙함과 지침으로 인한 소통의 부재를 낳고, 직장 선후배 동료 사이에서도 다양한 원인으로 인해 소통의 오작동을 경험하게 된다.

결국, 인간관계라는 것은 소통이 그 시발점이고 종착점이라 할 수 있으며, 도화선이라고 할 수 있다. 우리가 관계를 돈독히 하려면 자신만의 입장에서가 아닌 상대방의 입장에서 소통해야 한다.

그렇다면 관계를 맺는 좋은 방법은 무엇일까?

먼저, '나랑 같은 사람은 세상에 존재하지 않는다.'라고 생각하는 것이 좋다.

즉, '저 사람은 나랑 같을 거야.' '나랑 최대한 비슷한 사람과 만나야지.'라고 생각하지만 실제로 그런 사람은 드물다는 것이다. 비슷할 수는 있지만, 세상에 나와 똑같이 생각하고 나와 똑같이 행동하는 사람은 없다는 것을 알면 아마 상대방에 대한 기대치를 낮출 수 있다.

왜냐하면, 나와 같은 사람은 애초에 존재하지 않기 때문이다.

그리고 '모든 관계는 주는 것에서부터 시작한다.'는 것이다.

우리가 음식을 먹을 때를 생각해보자. 먹고 싶은 음식을 먹는 것이지만, 반대로 생각해보면 음식이 맛있기 때문에 우리는 먹는 것이다. 마찬가지로 여행을 갈 때도 행선지가 볼거리나 휴양지로서 장점이 가득하기 때문에 가는 것이다.

조건 없는 사랑은 종교나 부모의 사랑 외에는 이 세상에 존재하지 않는다. 즉, 어떤 것과 관계를 맺을 때에는 반드시 '주는 것'이 선행되어야 한다. 이것은 자연의 이치다. 즉, 자연스러운 것이다. 여기서 먼저 준다는 것은 주고받기 개념이 아니라, 관계를 맺는 그리고 소통을 하는 자연스러운 행동을 의미한다. 물론 모든 것을 다 퍼주라는 것이 아니다. 내가 할 수 있는 범위 내에서 '상대방의 가려운 곳을 어떻게 정확히 긁어줄까?'를 고민하는 데부터 관계와 소통은 시작되는 것이다.

또한 소통은 배려요 이해이다.

소통은 상대방을 생각하는 마음에서 시작한다. 내 편의에서 상대방을 생각하는 것이 아니라 '상대방을 어떻게 하면 편안하게 대해줄까?' 하는 생각에서 출발한다.

예를 들어, 그날 친구가 과로해서 컨디션이 안 좋은 상태에서 만났다고 하자. 그럼 내 입장에서의 배려는 술을 사주는 것이다. 왜냐하면 술을 사주면 보통의 경우 기분이 좋아지기 때문이다.

하지만 조금 더 신경을 쓴다면 그 친구가 과로했다는 것을 조금 더 상기해서 조금 더 과로를 풀 수 있는 보양식을 사주는 것이다.

두 가지 중 어느 것이 그 친구를 위한 배려일까?

소통은 이처럼 상대방을 먼저 생각하는 작은 실천에서 시작한다.

우리가 누군가에게 실망하는 이유는 상대방에 대한 기대치가 있기 때문이다.

하지만 여기서 놀라운 사실은 상대방을 알기 전에는 우리는 상대방의 존재 자체를 모르고 있었다. 그런데 '왜 기대를 하는가?' 상대방이 있어주는 것만으로 우리는 감사해야 한다. 가족이기 때문에, 친구이기 때문에 연인이기 때문에, 그 자체만으로 우리는 감사해야 한다.

상대방에 대해 기대를 한다는 것은 '자신의 욕심'에서 비롯된다. 헤어져 봐야 그 사람의 중요성을 알게 되듯이, 우리가 그 사람을 알기 전에는 '관계는 성립하지 않았다.'라는 놀라운 사실을 알게 되면 기대치를 갖는 것 자체가 무의미하다는 것을 깨닫게 될 것이다.

그리고 기대를 하는 순간 실망이라는 무서운 놈이 자리를 잡게 된다.

가족도 마찬가지이다. '부모님이니까 나에게 무엇을 해줘야 한다. 자식이니 나에게 무엇을 해야 한다.'가 아니라 '부모님이기에 자식이기에 감사해야 한다.'로 생각이 바뀌어야 한다.

직장도 마찬가지다. '저 상사 때문에 짜증 나 죽겠어.', '나랑 너무 안 맞아.'라는 생각은 자신이 만드는 것이다. 애초에 나와 닮은 사람은 없고 우리는 모두 각기 다른 존재일 뿐이다. 따라서 기대치를 낮추고 아니 없애도록 노력하면 인간관계에서 스트레스를 받을 수가 없게 된다.

단순하게 '저 사람은 나와는 다른 존재'라고 생각하면 된다. 그럼 웃으며 관계를 형성할 수 있다. 그렇게 되면 즐겁게 회사에서 자신의 일을 할 수 있다.

마지막으로 소통은 인간애이다.

소통을 하면서 관계를 맺고 그 관계는 무르익어간다. '왜 나는 친구가 없을까?' '왜 다른 사람들과 대화가 안 될까?'를 고민하지 말고 '그들과 어떻게 하면 소통을 할까?'를 고민하라.

일방향적인 소통은 소통이 아니다. 상대방이 주는 것만을 기대하는 것은 소통이 아니라 이기심일 뿐이다.

내가 그 사람에게 존경을 받고 싶으면 내가 먼저 그 사람을 존중해줘야 한다. 단언컨대 일방향적인 사랑과 소통은 없다.

지금이라도 연락이 뜸했던 사람을 돌아보라. 그리고 '왜 나한테 연락을 하지 않지?'라는 생각을 바꿔보라.

무조건 퍼주기라는 말이 아니다. 당연히 그럴 수 없다. 파산을 유도하는 것은 아니기 때문이다.

다만, 내가 할 수 있는 범위 내에서 또는 내가 먼저 작은 배려를 실천하라는 의미이다. 그럼 상대방이 변하게 되어 있다. 또한, 소통을 실천하기 위해서는 대가를 생각하면 안 된다. 단지 먼저 노력을 하는 자세로 임해야 한다. 그래야 진정한 소통이 될 수가 있다.

part 2.

마음을 움직이는 표현방법

1 마음을 여는 유머

마음을 움직이는 방법 중에 하나가 바로 '유머'이다.

대부분의 사람들은 낯선 사람, 낯선 자리에 경계심을 갖고 있다. 바로 그러한 경계심을 무너뜨리는 방법이 유머이다.

요새는 직장에서도 사회에서도 '재미있는 사람'을 좋아한다. 여기서의 '재미'란 단순히 웃기는 사람을 얘기하는 사람이 아니라, 말을 한마디 하더라도 센스가 묻어나는 사람, 그리고 유쾌하게 얘기를 하는 사람을 말한다. 그리고 그러한 유머야말로 상대방의 경계심을 풀고 마음을 침투할 수 있는 좋은 무기이다.

그렇기 때문에 **상대방의 마음을 움직이는 대화를 하려면 반드시 '유머'를 알아야 한다.**

예를 들어 직원이 출근해서 “안녕하세요, 오늘 날씨가 너무 춥죠? 얼어 주는 줄 알았어요.”라고 했을 때, “네, 그래요.”라고 대답을 하는 것과 “그래도 입은 얼지 않아서 다행이에요”라고 말하는 것의 차이에 따라 사무실의 분위기가 달라질 수 있다.

또한, 회식자리에서 “오늘 모두 고생하셨습니다. 앞으로 더 잘하라고 제가 회의 때 한 얘기니까 더 분발해 봅시다.”라고 얘기하는 것보다 “오늘 모두 고생하셨습니다. 특히 오늘 제가 좀 잔소리를 해서 기분이 상한 분도 계실 것 같습니다. 그래서 이 자리에서는 제가 말을 안 하고 조용히 술값만 계산하겠습니다.”라고 얘기하는 것이 분위기를 업 시킬 수 있는 좋은 표현이 될 수 있다.

유머를 겸비한 사람과 옆에 있는 것 자체로 늘 즐거움과 유쾌함을 선사받을 수 있다.

그렇기 때문에 재미있게 말하는 능력은 비단 리더의 능력일 뿐만 아니라, 현대에 살아가는 모든 사람들의 필수 능력이 되고 있다.

유머를 위해서는 평소에 개그프로그램을 많이 보는 것이 좋고, 매일 매일 유쾌한 생각과 긍정적인 사고를 하는 것이 중요하다.

또한, ‘역발상의 원리’가 바로 ‘유머’를 만들기 때문에, 같은 말이라도 바꿔 말해보고 거꾸로 말해보며 다르게 말하는 습관이 바로 ‘유머’를 만들 수 있다.

가령, 누군가와 처음 보는 자리에서 "안녕하세요. 생각보다 말씀이 없으시네요."라고 했을 때 "아 네, 그쪽도 마찬가지네요."라고 받아치는 것보다는 "이제부터 하는 얘기가 재밌어요."라고 말하게 되면 분위기가 살아날 수가 있다.

부부사이에서도 유머는 부부생활의 윤활유가 될 수가 있다.

예를 들어 부부싸움을 하는 상황에서 "당신은 정말 어떻게 변한 게 없냐?" 라고 했을 때, "그러는 너는 변했냐? 지도 똑같으면서"라고 말을 한다면 불난 집에 부채질을 하는 격이 될 것입니다. 그런 대화보다는 "나는 한결 같아서 그래. 그래도 당신을 생각하는 건 변함이 없잖아"라고 말한다면 분위기가 반전될 수가 있을 것이다.

어떤 모임에서도 유머는 유연한 분위기를 만든다.

예컨대 오랜만에 만난 친구에게 "너 왜 이렇게 살쪘어? 임신한 줄 알았네."라고 말을 했을 때 "그러는 넌 왜 이렇게 살이 쪘냐? 완전 상돼지네."라고 말을 받아치기보다는 "내 뱃살은 살이 아니라 품격이야" 또는 "나 같은 사람이 있어서 너를 더 돋보이게 하는 거야" 라고 유연하게 대처하는 것이 분위기를 좋게 만들 수 있다.

그렇게 되면, 처음에 조금 딱딱하고 어색한 분위기를 부드럽고 화기애애하게 만들 수 있다.

하지만 유머는 지나치면 '독'이 될 수 있다.

'적재적소', '과유불급' 등의 말들은 유머를 하는 데 반드시 필요한 사자성어다.

예전에 사람들을 즐겁게 하는 것이 너무 재미있어서 자주 유머를 사용하곤 했었는데, 그러다 보니 나도 모르게 욕심이 생겨 안 해도 될 말을 거리낌 없이 하던 적이 있었다.

한번은 학생에게 "넌 좀 억울하게 생겼다."라고 한 적이 있었는데 학생들은 깔깔대고 웃었지만, 당사자인 그 학생은 마음이 상해서 삐쳐있었다.

그런 '독'이 되는 유머들을 조심하고 건강한 생각과 긍정적인 마인드 그리고 사람을 배려하는 유머를 던진다면 상대방의 경계심을 풀어서 유연한 분위기를 만들 수 있게 된다.

2

상황에 맞는 센스 있는 대화

마음을 움직이는 사람은 말을 센스 있게 잘하는 사람이다. 가령, 직장 동료가 보고서를 꼼꼼히 작성하지 책상에 앉아서 침울해 있는 상황이라고 생각하자. 그런데 그 상황에서 다가가 "내가 봐도 보고서가 좀 잘 못돼 있긴 하더라."라고 얘기하는 사람과 "내가 볼 땐 잘했어. 괜히 트집 잡고 그래."라고 얘기하는 것은 침울해 있는 상황에서는 느낌의 차이가 크다. 즉, 보고서의 잘못된 내용을 지적한 것이 잘못이 아니라, 그 상황에서 적절치 않은 지적이라는 것이다.

마음을 여는 대화에서의 센스란 적재적소의 상황에서의 대화를 말하는 것이다. 이미 상사에게 혼난 상황에서 상대방은 그 혼난 것에 대해 감정적으로 크게 생각할 것이다. 그렇기 때문에 그 상황에서 이성적으로 얘기하는 것 자체가 센스가 없는 것이다. 그럴 때는 감정적으로 공감해 주는 것이 훨씬 센스가 있는 표현이다. 그러고 나서 상대방이 감정적인 동요가 없어진 후에 나에게 물어올 수가 있다. "근데 아까 보고서의 문제가 뭐였지?'라고 물었을 때 "잘하긴 했는데 보고서에 오타가 좀 많긴 했어."라고 친절하게 말하는 것이 센스 있는 표현이다.

즉, 마음을 움직이는 대화란 적재적소의 상황에 맞는 대화를 얘기하는 것이다.

이성과 처음 만난 자리에서 상대방이 늦은 상황에서 "제가 좀 늦었죠."라고 말했는데 이쪽에서 "벌써 30분 기다렸어요. 좀 늦긴 했죠."라고 얘기하는 사람과 "저도 방금 왔어요. 괜찮아요."라고 얘기하는 것의 차이는 상대방의 마음을 움직이느냐 그렇지 못하느냐를 결정지을 수가 있다.

왜냐하면, 상대방은 이미 미안함이 깔려 있는 상황에서 "제자 좀 늦었죠."라는 말을 한 것이기 때문에 거기서 지적을 하는 것보다는 아무렇지 않게 얘기하는 것이 상대방에게 배려로 다가오기 때문이다. 요새 유행하는 것 중에 어떤 것을 주며 '오다가 주었다.'라는 표현이 있다. 상대방에게 부담을 주지 않으려고 그냥 얘기하는 것이 더 상대방에게 호감을 줄 수가 있다.

이것은 마치 집에서 청소를 다 하고 나서 "나 오늘 청소 완전 깨끗이 했어. 잘했지?"라고 말하는 것과 청소를 하고 나서 그냥 평소대로 가만히 있을 때의 상대방의 반응의 차이다. 상대방이 감동할 시간조차 주지 않고 미리 얘기하는 것은 센스가 없는 것이다.

또한, 거절할 때도 마찬가지이다. 회사에서 직장 상사가 어떤 업무를 시켰는데, 퉁명스럽게 "저 지금 바빠요."라고 하는 것과 웃으면서 "과장님, 제가 지금 30분 후에 중요한 보고서를 제출 할 게 있는데 혹시 그거 하고 해 드려도 될까요?"라고 말하는 것의 차이는 크다는 것이다.

첫 번째는 상대방의 의중이나 의견을 아예 무시한 반응이고 후자는 상대방의 부탁을 기분 나쁘지 않게 거절하는 방식이다. 상대방이 공감이 갈 수 있도록 어느 정도까지 지금 수용가능하고 어떤 부분을 나중에 할 수 있는 지를 정확히 얘기했을 때 상대방의 기분까지 배려할 수 있는 것이다.

질책을 할 때도 두 가지 유형이 있다. 선생님이 잘못을 저지른 학생에게 "넌 일을 이런 식으로 밖에 못해? 왜 하나만 생각하고 둘은 생각 못해?"라고 질책을 하는 것보다는 "네가 지금 이런 상황이라 그렇게 하는 것은 알겠는데, 좀 더 상대방 입장에서 생각하고 행동하면 더 좋을 것 같아."라고 얘기하는 것이다.

직장에서도 "넌 할 줄 아는 게 아무것도 없어? 서류하나 제대로 작성도 못해?"라고 질책을 하는 것보다 "나도 신입 때는 그랬어. 그래도 자꾸 틀리면 위에서 뭐라고 하니까, 다음엔 좀 더 신경 써."라고 얘기하는 것이 상대방에게는 더 동기유발을 시킬 수가 있는 것이다.

칭찬도 마찬가지이다.

머리에 웨이브를 하고 온 와이프에게 "나쁘지 않네."라고 얘기하는 것과 "피부톤이랑 잘 어울리네. 머리 예뻐."라고 얘기하는 것은 어감이 다르다.

마음을 움직이는 대화의 첫걸음은 바로 상대방의 심리를 잘 이해하고 그 상황에 맞는 대화를 하는 것이다.

마음을 움직이는 대화를 하는 사람은 말을 무조건 사자성어나 한자어를 써서 어렵게 하는 사람이 아니라 다양한 표현을 알지만 상황에 맞는 표현을 하고 상대방의 심리를 잘 이해하는 센스 있는 대화를 할 줄 아는 사람임을 유념해야 한다.

3
호감 가는 목소리

사람들과 대화나 설득에서 언어가 이성을 파고든다면 비언어는 바로 감성을 침투한다. 여기서 비언어란 소리, 감정, 제스처, 말투, 거리 등을 얘기한다. 가령, 우리가 누군가의 얘기를 들을 때 말하는 내용도 중요하지만, 그 사람의 목소리에 끌리는 경우가 많다. 특히 남성보다는 여성이 청각에 민감하고 감성적이기 때문에 그러한 경우가 많다.

따라서 상대방을 집중시키거나 마음을 얻고 싶다면 스스로 목소리를 점검해서 호감 가는 목소리로 말하는 것이 중요하다.

그렇다면 호감 가는 목소리란 무엇일까?

먼저, 목소리에 울림이 있어야 한다. 기본적으로 소리가 작거나 힘이 없으면 발표나 보고 또는 대화할 때 사람들에게 불편을 줄 수가 있다. 아무리 대화나 발표의 내용이 좋더라도 목소리가 작거나 떨리게 되면 사람들을 집중시키기가 어렵다. 그렇기 때문에 울림이 있는 목소리가 집중과 신뢰감을 줄 수 있는 것이다.

신뢰감 있고 매력적인 목소리를 위한 방법은 바로 '복식발성'에 있다.

'복식발성'은 횡격막을 자극해서 소리를 내는 것이다. 일반적으로 우리가 소리를 낼 때는 성대만을 사용해서 소리를 내는데, 이것은 마치 악기의 원리와 같다.

기타를 연주할 때 소리를 울려주는 부분이 깊지 않으면 울림이 좋은 소리가 나올 수 없듯이 가슴만으로 즉, 흉식호흡으로 소리를 내면 당연히 소리의 울림이 적기 때문에 안정적인 소리가 나올 수 없다.

그에 반면 복식발성을 이용하게 되면, 소리가 깊고 울림이 생기기 때문에 안정적이면서 매력적인 음성을 전달할 수 있다.

복식 호흡에서 중요한 부분이 바로 '횡격막'을 늘려주는 것이다. 배 가운데 소장을 둘러쌓고 있는 얇은 막이 바로 '횡격막'이다.

이 부분을 늘려주려면, 호흡을 들여 마시고 내뱉는 훈련을 해야 한다. 물론 호흡은 좌, 우측의 폐를 통해 하지만 폐로 공기가 충분히 유입될 수 있도록 횡격막을 팽창시켜 두는 것이다.

먼저 횡격막의 위치이다.

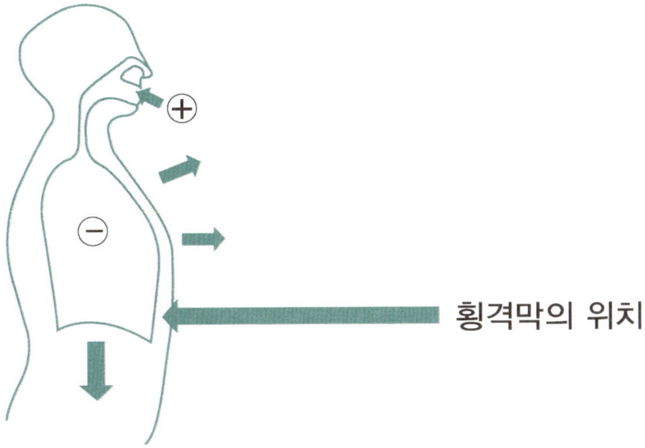

위의 그림에서 볼 수 있듯이 충분히 공기가 유입이 될 때 횡격막을 부풀게 하는 것이다. 이는 마치 풍선을 불 때처럼 공기가 들어오게 되면 풍선이 팽창하는 것과 마찬가지이다.

울림이 있는 소리는 사람들이나 청중들에게 안정적으로 전달이 될 수 있고, 특히 사람이 많을 때 빛을 발휘할 수 있기 때문에 복식발성은 매우 중요하다.

하지만, 배우들이나 성악가들의 평소소리 자체에 울림이 있는 것은 일부러 그렇게 소리를 내는 것이 아니라, 자연스레 훈련이 된 것이다.

그렇기 때문에 실생활이나 면접 또는 강의에서 복식발성을 하면 호통이나 야단이 될 수 있다. 즉, 평소 하루에 20분정도의 훈련을 통해 자연스레 안정된 소리를 만들라는 것이다.

복식발성만큼 중요한 소리의 부분 중 하나가 '공명'이다. '공명'은 소리가 최종적으로 밖으로 나오기 전에 울림을 주는 것이다. 공명에는 인두강과 구강 그리고 비강이 있다.

인두강은 후두라고 하는 부분 즉, 목에서 나는 소리를 얘기한다. 보통 저음을 낼 때 목 뒤쪽을 울려서 소리를 낸다. 배우 중에는 김윤석 씨, 김희애 씨가 그런 소리가 발달되어 있다.

구강은 말 그대로 입안의 울림을 통해 나오는 울림방법이다. 보통의 사람들이 말을 할 때 많이 쓰는 울림이다.

비강은 코 안의 울림을 이용해서 내는 울림방법이다.

방송인 현영 씨나 가수 장윤정 씨 등 특히 트로트 가수가 많이 쓰는 공명방식이다. '어떤 울림이 좋다.'라는 것보다 이 세 가지의 공명방식을 적재적소에 활용하는 것이 좋은 방법이다. 가령, 공식석상이나 이성적으로 얘기해야 하는 곳은 인두강의 공명방법이 적합하고 사석이나 활기찬 곳에서는 비강을 동원한 구강 공명방식이 적합할 수 있다.

늘 똑같은 소리만 내고 리듬의 변화가 없다면 지루할 수밖에 없다.

호감 가는 목소리란 발표 자리 등 공식석상 자리는 물론 사석에서의 대화 환경에 따라 인두강, 구강, 비강을 자유자재로 활용하는 것이다.

그렇기 때문에, 다양한 상황에 맞게 여러 가지 울림을 활용한다면 지루하지 않고 생동감 있게 내용을 전달할 수 있다. 그리고 그러한 목소리는 상대방의 마음을 침투하고 움직일 수가 있는 것이다.

4
생생한 감정표현

상대방의 마음을 움직이는 또 하나의 방법은 말을 할 때 생생하게 감정표현을 하는 것이다. 같은 표현이라도 어떤 사람은 상대방의 마음을 열고 어떤 사람은 상대방의 마음을 얻지 못한다. 가령, 직장 상사에게 "선배님 혹시 지금 바쁘세요?"라고 말을 한다고 가정해보자. 어떤 사람은 저 말에 미소와 상냥함을 담아 얘기하고 또 어떤 사람은 무뚝뚝하게 얘기했을 때 여러분이라면 어떤 사람의 말에 마음을 열 수 있겠는가. 답은 이미 나와 있다.

감정은 바로 상대방의 마음을 움직일 수 있는 생생한 표현이다. 대화에 있어 말이 이성적인 설득을 준다면 감정표현, 시선, 말투, 시선과 같은 비언어는 감성적인 설득을 주는 중요한 요소이다. 특히 감정을 어떻게 싣느냐에 따라 마음을 얻을 수가 있다.

예를 들어, "지금 이 자리에 있으니 어색하고 쑥스럽지만 그래도 무척 반갑네요."라는 말을 한다고 했을 때, 무표정한 얼굴로 얘기하는 것과 쑥스러운 표정과 동시에 반가운 느낌의 표현을 한다면 생동감 있는 표정이 보는 사람으로 하여금 마음을 살 수 있다는 것이다.

따라서 대화를 할 때 감정을 생동감 있게 표현하는 것은 매우 중요하다. 때로는 냉철하게 때로는 온화하게 그리고 때로는 유쾌하게 느낌을 표현해야 상대방의 마음을 움직일 수 있다.

즉, 어떤 상황에서는 차분하게 감정을 절제해야 하고 어떤 상황에서는 감정을 표현해야 할 때가 있다.

가령, 직장에서 싫은 상사를 만났을 때 태연하게 아무렇지 않은 척 얘기하는 사람과 싫은 티를 팍팍 내는 사람은 호감도의 차이가 있을 수가 있다. 또한 늘 감정을 자제를 못해서 흥분상태에 있는 사람과 흥분상태에서도 침착한 사람의 느낌은 다르다.

또한, 부탁할 때도 부드럽게 미소를 머금으면서 얘기를 하는 사람과 딱딱하게 얘기하는 사람이 있으면 전자의 사람의 부탁을 들어주고 싶은 게 인지상정이다.

반대로 감정을 표현해야 할 때도 있다. 상대가 감정적으로 나올 때는 처음엔 차분하게 얘기하지만 그럼에도 상대가 감정적으로 나올 때는 단호하게 얘기할 줄도 알아야 한다. 즉, 감정표현을 때로는 절제를 할 줄 알고 때로는 표현을 할 줄 아는 사람이 마음과 신뢰를 얻을 수가 있는 것이다.

만약, 스스로 생각하기에 '나는 왜 무표정하지?'라고 생각한다면 연습을 통해 생동감 있는 감정표현을 하면 된다.

가령 격양되게 강조한다면 분위기가 조용해지면서 긴장된 상태에서 화자의 얘기를 들을 것이고, 차분히 아주 천천히 얘기를 한다면 숨을 죽이면서 얘기를 듣게 될 것이다.

그리고 "지금 이 자리에 있으니 어색하고 쑥스럽지만"을 차분히 얘기하고 그 뒷부분 즉, "그래도 무척 반갑네요."를 흥분상태로 힘을 주어 얘기하면 청자들에게 분명한 의미를 실어줄 수 있다.

이처럼 감정은 말에 생동감을 불어 넣는다. 그리고 감정은 호흡과 밀접한 연관이 있다.

대화를 할 때 무미건조를 하는 것보다 이처럼 다양한 감정을 섞어서 표현하면 훨씬 생동감 있는 표현이 될 수 있다. 가령 "이렇게 보니 무척 반갑네요." 라는 말을 한다고 생각했을 때, 이 말을 어떻게 표현하면 좀 더 생동감이 있을까?

"이렇게 보니 무척 반갑네요."라는 말을 흥분하며 말을 할 것인지, 차분히 말을 할 것인지에 따라 그 느낌은 현저히 다를 수 있다. 예컨대, 흥분상태에서 얘기한다면 긴장된 상태에서 화자의 얘기를 들을 것이고, 차분히 아주 천천히 얘기를 한다면 숨을 죽이면서 얘기를 듣게 될 것이다.

사람이 표현하는 감정은 총 108가지 정도가 있다. 그리고 간단히 '좋은 감정'과 '나쁜 감정'으로 나눌 수 있다.

행복, 기쁨, 쾌락, 환희 등의 감정은 '좋은 감정'이고 짜증, 분노, 우울함, 슬픔, 오열 등은 '나쁜 감정'에 포함된다.

긍정적인 감정 즉, '행복', '기쁨', '즐거움' 등은 주로 호흡을 들이마시면 생긴다.

부정적인 감정 '우울', '짜증', '분노', 등은 호흡을 내뱉으면 쉽게 감정이 생긴다. 특히 정적인 감정 '우울', '그리움', '불쌍함' 등은 호흡을 천천히 내뱉고, '분노'나 '짜증'은 호흡을 빠르게 내뱉으면 그러한 감정이 생긴다.

이처럼 대화를 할 때 마음을 움직이는 사람은 상황에 맞게 때로는 냉철하게 때로는 생생하게 감정표현을 잘할 줄 안다.

만약 표현이 부족해서 생생한 감정표현을 훈련하려 한다면 실제 연극, 영화대사의 연습이 실질적 도움이 될 것이다. 아래 대사의 괄호 부분에 어떻게 감정처리를 하면 좋을지 부연설명을 했으니 그것을 토대로 연습을 하고 녹음해서 들어보고 거울을 보며 자신의 표정을 확인하면서 훈련을 거듭하면 아마 많은 도움이 될 것이다.

감정표현 1

그만해(단호하게)

넌 언제나 네 생각만 주장했잖아.(강조하며)

언제 네가 남의 생각이나 의견을 들어본 적 있어?(따지며)

그러니까 너랑 대화가 잘 안 되는 거야.(냉정하게)

남 탓만 하지 말고 네 자신을 돌아봐.(차분하게)

감정표현 2

방법은 여러 가지가 있어.(다독이며)

실패했다고 해서 좌절할 필요는 없잖아.(부드럽게)

어떻게든 다시 기회는 와. 조금만 더 여유를 갖자.(힘을 실어주며)

지금 초조해 한다고 달라질 건 아무것도 없어.(강하게)

그러니 제발 여유를 갖고 생각하자. 알았지.(웃으며)

5

매력적인 화법과 제스처

마음을 움직이는 대화법에는 특별한 것이 있다. 그 대표적인 것이 바로 매력적인 화법이다. 같은 말을 해도 귀를 기울이게 하는 매력적인 대화를 하는 사람이 있고 자리를 피하게 하고 싶게 하는 대화를 하는 경우가 있다.

그 대화법의 비밀은 말의 리듬과 템포이다.

따라서 대화에 있어서도 리듬과 템포가 없는 것은 똑같은 소리를 녹음기로 재생하듯 마찬가지로 지루하기 그지없는 것이다.

그렇다면 대화를 할 때 리듬과 템포는 어떻게 만들어 가는 것일까?

음악을 연상하면 된다. 재밌게 그리고 인상적으로 말하는 사람들의 특징을 들여다보면 인상적인 리듬이 있다. 예컨대 "안녕하세요. 저는 사실 특별히 잘하는 것은 없지만, 그래도 나름대로 매력은 있습니다."라고 말을 할 때, 어디서 강조가 되어야 할 지, 그리고 어떤 부분을 세게 말할 것인지, 어떤 말에 높낮이를 둘 것인지를 연습해 나가는 것이다.

즉, 리듬과 템포는 음의 높낮이, 음의 강약, 음의 장단, 음의 빠르고 느리기 등으로 표현될 수 있다. 그리고 이 말의 '리듬과 템포'가 화술에 해당한다.

"지금 이 순간보다 중요한 것은 없습니다."라는 말을 갖고 실전 대화 화술훈련을 해보자.

'지금 이 순간'을 올린다. 그리고 '중요한 것은'을 내린다. 그리고 '없습니다.'를 천천히 얘기한다. 그럼 음의 높낮이가 생기면서 자연스레 강조될 수 있다.

강약도 마찬가지이다.

'지금 이 순간'을 강하게 얘기한다. '중요한 것은 없습니다.'를 약하게 얘기한다. 그럼 '중요한 것은 없습니다.'가 더 강조될 수 있다. 이때 주의할 점은 모든 말에 강조를 두어서는 안 된다는 것이다.

그렇게 되면 그것 역시 지루함을 주게 된다. 강조되는 말을 강조하고 강조하지 않을 말들은 흘리는 것이다. 말의 강약, 빠르기 등을 생각해서 여기서의 주제어인 '지금'을 더 강조하고 이 부분을 때로는 천천히 때로는 빠르게 때로는 정적을 두기도 해서 자연스레 리듬과 템포를 만드는 것이다.

이것이 바로 맛있는 대화를 만드는 리듬과 템포의 기술이다.

높낮이와 빠르기는 말에 생동감을 주고 강약과 강조는 말에 신뢰와 감동을 준다.

보고서나 직장에서 프레젠테이션을 할 때는 강약과 강조를 동원한 신뢰감을 주는 화법, 생동감을 주는 자리에 있어서는 고저와 빠르기를 활용한 화법, 즉 말하는 환경에 따라 적재적소의 화법을 활용하는 사람이 매력적으로 화법을 구사하는 사람이다.

먼저 말의 높낮이로 생동감 있는 화술을 해보자.

안녕하세요. 저는 ○○○입니다. 다들 처음보는 자리인데
사실 많이 긴장도 되고 어색하기도 합니다.
하지만 마음을 움직이는 방법, 소통하는 방법을
제대로 알고 싶어서 이 자리에 왔습니다.
다들 반갑습니다. 앞으로 친하게 지내요.

다음은 말의 강약으로 신뢰감과 감동을 주는 화술을 연습해 보자.

안녕하세요. 저는 ○○○입니다. 다들 처음 보는 자리인데
사실 많이 긴장도 되고 어색하기도 합니다.
하지만 마음을 움직이는 방법, 소통하는 방법을
제대로 알고 싶어서 이 자리에 왔습니다.
다들 반갑습니다. 앞으로 친하게 지내요.

소리가 청각을 기쁘게 한다면 제스처는 시각적인 기쁨을 주는 것이다.

마음을 움직이는 사람의 특징 중에 하나가 같은 말을 하더라도 제스처 및 손짓, 몸짓을 생동감 있게 표현한다는 점이다. 아무리 대화의 내용이 좋고, 좋은 소리로 말을 했다하더라도 시각적인 효과를 더 하냐 못하냐에 따라 말의 감칠맛이 더 어우러지기도 하고 효과가 반감되기도 한다.

제스처는 화자의 말을 손짓과 몸짓을 통해 표현하는 것이다. 이 제스처는 단어에 대한 몸짓, 상황에 대한 몸짓으로 또 나뉠 수 있다.

가령, "긍정적으로 인생을 살아야 합니다."라는 주제를 가지고 제스처를 한다면 '긍정적으로'를 표현함에 있어서 두 손을 펼치거나 고개를 끄덕거리는 것을 '말 제스처'라고 할 수 있다.

이에 반에 몸 제스처는 "우리나라는 숨은 경치들이 곳곳에 숨어

있습니다."라는 말을 표현할 때 손으로 예쁜 경치나 장면에 대해서 손짓과 몸짓으로 표현하는 것을 '상황에 대한 제스처'라고 할 수 있다.

상대방의 마음을 움직이는 사람, 대화의 주목을 이끄는 사람의 제스처는 생생하다. 그래서 그들의 제스처를 따라 해서 연습해 보는 것만으로 누구나 좋은 효과를 얻을 수가 있다.

움직임은 기본적으로 직선과 곡선, 정적과 동적인 움직임으로 나눌 수 있다. 직선의 움직임은 평행선, 대각선, 네모 등의 형태로 표현할 수 있다.

제스처를 연습하는 방법은 다음과 같다.

먼저 손을 펴서 붙인 후에 네모를 정성껏 그려본다. 이때 주의할 점은 손끝의 움직임이다. 손끝의 움직임에 중점을 두고 가슴에서부터 느낌이 살아 움직여 손끝까지 그 느낌이 세심하게 살아있게끔 움직이는 것이 포인트이다.

이번에는 원을 마찬가지로 정성스럽게 그려본다. 최대한 원의 형태를 생각하면서 손끝으로 가장 정확한 원을 그려본다. 이때 최대한 부드러우면서 섬세하게 원을 그려야 한다.

그리고 다음에는 앞에 어떤 사물이든 놓아본다. 예를 들어 가방, 전화기 등의 흔한 물건들을 놓고 똑같이 그려보는 것이다. 그렇게 되면 손의 감각이 키워지게 된다. 그렇게 자꾸 사물을 갖고 똑같이 손으로 그려보면 손의 느낌이 섬세해 지는 것을 느끼게 될 것이다.

이때 주의할 점은 모든 것을 설명하면 안 된다는 것이다.

모든 것에 대한 설명을 제스처로 한다면 오히려 설명이 조잡해져서 시선이 더 분산되게 마련이다. 따라서 강조할 부분, 꼭 필요한 부분을 보다 감칠 맛나게 설명하기 위해 필요한 부분이 제스처라고 얘기할 수 있다.

다음의 설명대로 제스처를 연습해 보면 많은 도움이 될 것이다.

> 안녕하세요. 저는 ○○○입니다. 다들 처음 보는 자리인데(인사하며)
> 사실 많이 긴장도 되고 어색하기도 합니다.(가슴에 손 얹으며)
> 하지만 마음을 움직이는 방법, 소통하는 방법을
> (하나씩 가리키며)
> 제대로 알고 싶어서 이 자리에 왔습니다.(자리를 가리키며)
> 다들 반갑습니다. 앞으로 친하게 지내요.(두 손 모으며)

우리가 누군가에게 얘기할 때에 마음이 움직이는 경우는 언어보다 비언어적인 표현에서이다. 가령, "나 너 좋아해."라는 말 자체만으로는 감동을 주기 어렵다. 하지만 "나 너 좋아해."라는 말을 할 때의 그 사람의 음성의 떨림과 손짓 그리고 얼굴표정의 진실함과 순수함이 감동을 주는 것이다.

따라서 상대방의 마음을 얻으려면 감정표현과 음성 그리고 제스처 등 바로 이러한 비언어적인 표현을 잘해야 하는 것이다.

이처럼 생생한 감정과 매력적인 화법과 그리고 제스처로 생동감 있게 얘기를 한다면 대화에 생기가 생겨 듣는 이의 마음을 얻는데 있어서 많은 도움을 얻을 수 있다.

part 3.
상황별 실전 대화법

1 부탁할 때

누구나 부탁을 해 본 경험이 있을 것이다. 하지만 생각보다 부탁하는 것이 어렵다. 왜냐하면, 무엇인가를 상대방에게 요구한다는 것은 상대방이 내 요구조건을 들어줘야 하고 다시 말하면 내가 상대방보다 저자세가 되어야 한다는 의미이기 때문이다.

그렇기 때문에 부탁을 어떤 상황에서 어떻게 하느냐는 것은 매우 중요하다.

하지만, 부득이하게 그런 경우에는 **첫 번째 고려해야 할 것은 상대방의 기분이다.**

부탁을 할 때는 상대방이 기분이 좋을 때 하는 것이 좋다. 상대방이 컨디션이 안 좋거나 일이 바쁘거나 할 때 부탁을 하는 것은 거절을 당할 확률이 높다.

두 번째는 부탁하는 방식이다. 부탁이나 요구를 할 때는 먼저 상대방에게 양해를 구한 후에 자신의 사정을 정확히 얘기하고 어떤 점을 부탁하는지를 명확히 해야 한다. 양해를 구했을 때는 애매모호하게 얘기하는 것은 바람직하지 않다.

이렇게 부탁하는 경우가 있다.

영철 : 수희야.

수희 : 어?

영철 : 동호한테 이것 좀 전달해줘.

수희 : 아… 나도 지금 바빠

영철 : 아 그래? 알았어.

일단 상대방에게 먼저 양해를 구해야 한다. 어떤 부탁할 때는 상대방의 기분과 입장을 헤아려야 한다. 즉 상대방의 마음이 열린 상태에서 부탁이나 요구를 해야 한다. 상대방이 편안할 수 있게 환경을 만들고 나서, 부탁이나 요구를 할 때는 먼저 상대방에게 양해를 구한 후에 자신의 사정을 정확히 얘기하고 어떤 점을 부탁하는지를 명확히 해야 한다. 양해를 구했을 때는 모호하게 얘기하는 것은 바람직하지 않다.

그럴 때는 이렇게 부탁하는 것이 좋다.

영철 : 수희야. 혹시 잠깐 시간돼?

수희 : 어 왜?

영철 : 내가 지금 좀 급한 일이 있어서 그런데. 혹시 동호한테 이것 좀 전달해 줄 수 있겠어?

수희 : 많이 급한가 보네?

영철 : 어, 선생님이 잠깐 보자고 해서. 이거 오늘 동호한테 꼭 주기로 했거든.

수희 : 알았어. 이따가 갈 때 줄게.

영철 : 어 고마워. 수희야.

Tip

1. 상대방에게 먼저 양해를 구함
2. 상대방의 기분과 입장을 헤아림
3. 자신의 사정을 정확히 얘기하고 어떤 부분을 부탁하는지를 명확히 함

2
거절할 때

거절 역시 어려운 대화 방법이다. 거절을 할 때 중요한 포인트는 상대방이 최대한 기분이 상하지 않게 얘기하는 것이다. 물론 이별이나 거절 등의 부정적인 대화는 상대방이 유쾌할 리가 없다.

그렇기 때문에 최소한의 손실을 입히는 것이 중요하다.

김 과장 : 유 대리, 회의실 예약이 되어 있는지 확인 해줘.

유 대리 : 저 지금 일이 있어서요.

김 과장 : 뭐?

유 대리 : 제가 지금 송 과장님께서 주신 일을 마무리를 해야 해서요.

김 과장 : 그래서 지금 내 말 무시하는 거야?

유 대리 : 그게 아니라, 제 뜻은 그 말이 아니고요.

김 과장 : 됐어!

흔하게 볼 수 있는 유쾌하지 못한 거절의 상황이다.

거절할 때는 왜 내가 거절을 할 수밖에 없는지에 대한 당위성을 얘기해야 한다. 그리고 지금은 거절해도 나중에 할 수 있는 부분인지 아니면 아예 수락을 할 수 없는 부분인지를 명확히 표현해야 한다. 다만, 상대방의 기분을 상하지 않게 하기 위해서는 거절할 수 없는 이유를 납득이 가게 하는 것과 더불어 그 당시의 분위기를 부드럽게 풀어주면서 얘기하는 것이 중요하다.

거절할 때는 다음과 같이 하는 것이 좋다.

김 과장 : 유 대리, 회의실 예약이 되어 있는 지 확인 해줘.

유 대리 : 김 과장님, 죄송한데 그거 급한 일이세요? 제가 지금 바로 보고서를 제출해야 해서 혹시 그거하고 나서 바로 하면 안 될까요?

김 과장 : 무슨 보고서?

유 대리 : 어제 송 과장님이 지시한 보고서를 5시까지 제출해야 해서요. 그거 제출하고 바로 확인해서 말씀드려도 될까요?

김 과장 : 아 그래? 알았어. 얼른 마무리하고 나한테 얘기해줘.

유 대리 : 네. 알겠습니다.

Tip

1. 거절을 할 수 밖에 없는 이유
2. 어느 정도 수용가능 한 지
3. 부드러운 분위기 유지

3
싫은 말을 해야 할 때

살면서 싫은 말을 해야 할 때가 많다. 하지만 싫은 말을 좋아하는 사람은 없다. 하지만 우리는 때에 따라서 싫은 말을 해야 할 때가 있다.

싫은 말을 해야 할 때는 사석과 공식 석상에서의 환경에 따라 다르게 말할 필요가 있다.

먼저 일상적인 자리에서의 싫은 말을 할 때이다.

딸 : 아빠

아빠 : 응?

딸 : 담배 좀 나가서 피면 안 돼?

아빠 : 나도 스트레스를 많이 받아서 그래.
그냥 좀 편히 놔둬.

딸 : 그게 아니라, 아빠 때문에 나머지 사람들이 같이 연기를 마시잖아.

아빠 : 그럼 문을 닫으면 될 거 아냐.

딸 : 아빠, 무슨 말을 그렇게 해?

아빠 : 네가 먼저 기분 나쁘게 얘기를 했잖아.

싫은 말을 해야 할 때 중요한 것은 말을 할 시기와 환경이다.

상대방의 기분이 안 좋은 상태이거나 적절하지 않은 환경, 가령 밥을 먹을 때나 진지한 얘기를 하고 있을 때나 한창 즐거운 얘기를 하고 있을 때 싫은 말을 하는 것은 적절치 않다. 그리고 그런 환경이 만들어 졌을 때는 왜 이런 말을 해야 하는지에 대한 근거를 가지고 부드러운 분위기 속에서 얘기해야 한다. 그래야 상대방이 기분이 상하지 않은 상태에서 얘기를 들어줄 수가 있다.

또한, 상대방에게 싫은 말을 하기 전에 먼저 공감을 하고 나서 얘기를 꺼내야 상대방도 맘이 열릴 수가 있고, 말을 할 때는 '네가 이런 게 싫어'라는 명령형 표현보다는 '네가 이렇게 했으면 좋겠어.'라는 권유형으로 얘기하는 것이 상대방의 맘을 열리게 하는 현명한 방법이다.

그럴 때는 이렇게 말하는 것이 좋다.

딸 : 아빠

아빠 : 응?

딸 : 아빠가 스트레스를 많이 받는 건 이해하겠는데, 담배 연기 때문에 내가 요새 목이 많이 아파.

아빠 : 아 그래?

딸 : 그래서 말인데, 아빠가 담배를 피울 때 집에서만 안 피우면 참 좋을 것 같아.

아빠 : 딸이 목이 아프다는데, 나도 노력해 봐야겠다.

딸 : 고마워, 아빠. 나도 아빠 말 더 잘 들을게.

다음은 공식적인 자리나 업무적인 자리에서의 상황이다.

김 대리 : 내가 오정희 씨를 부른 건 다른 게 아니고…

오 사원 : 네 말씀하세요.

김 대리 : 뭐랄까… 요새 느꼈는지는 모르겠지만…

오 사원 : 뭘요?

김 대리 : 그러니까, 회사 분위기도 그렇고… 또 내 입장도 그렇고…

오 사원 : 어떤 얘기를 하고 싶은데요?

김 대리 : 그러니까… 그게…

공식적인 자리나 업무적인 자리에서 싫은 말을 해야 할 때는 조금 더 단순명료하게 얘기해야 한다. 말하는 사람이 상대방을 배려한다 치고 너무 어려워하거나 빙빙 돌려 얘기하면 오히려 더 반감이 들 수 있다. 그것보다는 먼저 상대방의 입장을 공감하되 왜 이 말을 해야 하는지에 대해 정확히 그리고 명료하게 얘기를 하되 역시 명령형보다는 권유형의 표현이 좋고, 그 얘기를 마쳤을 때는 부드러운 분위기를 만드는 것이 좋다.

업무적인 상황에서는 이렇게 말하는 것이 좋다.

김 대리 : 오정희 씨 요새 일이 많아서 힘들지?

오 사원 : 네 괜찮아요.

김 대리 : 내가 오정희 씨를 부른 이유는 요새 보고서에 실수가 잦아서 위에서 좀 얘기가 나왔어.

오 사원 : 아 그래요?

김 대리 : 응. 조금만 더 신경 써서 보고서를 작성했으면 해.

오 사원 : 네. 제가 요새 일이 많다보니 실수를 했나 봐요.

김 대리 : 그래 일이 좀 많긴 하지. 내가 그 부분은 좀 신경 써줄게.

커피 한 잔 할까?

Tip

1. 상대방의 환경과 분위기
2. 말을 할 수밖에 없는 이유
3. 명령형이 아닌 권유형
4. 돌려 이야기 하지 않음

4

강하게 말을 해야 할 때

화를 내서 상대방이 좋아하는 경우나 분위기가 좋아지는 경우는 거의 없다. 하지만 때에 따라서 어쩔 수 없이 강하게 얘기를 해야 하는 경우가 종종 있다.

그럴 때 중요한 방법이 있다.

(버스 정류장에서)

나 : 저기요. 여기서 새치기 하시면 안 돼요.

행인 : 뭐가요?

나 : 여기 사람들 기다리고 있었거든요.

행인 : 그럴 수도 있는 거죠 뭐.

나 : 네? 아니 그렇게 말씀하시면 안 되는데…

행인 : 아참 되게 꼬치꼬치 얘기하시네. 그냥 좀 쉽게 갑시다.

나 : …

행인 : 질서가 밥 먹여 주는 것도 아니고.

부득이하게 강하게 말을 할 경우에는 감정적인 화가 아니라 통제가 가능한 이성적인 어조, 다시 말해서 상대방의 정신을 차리게 할 수 있는 감정 절제가 있는 말이 되어야 한다. 이것은 마치 선생님이 학생을 혼낼 때 감정적으로 화를 내지 않고 이성적으로 혼을 내야 말을 듣는 것과 같다. 강하게 얘기를 하더라도 극단적이지 않게 그리고 상대방의 인격을 건드리지 않는 선에서의 잘못된 행동을 바로잡기 위한 목적이어야 한다. 이러한 이성적인 화는 '충격요법'으로 상대에게 위압감을 심어줄 수 있다.

이렇게 얘기하는 것이 좋은 방법이다.

(버스 정류장에서)

나 : 저기요. 여기서 새치기하시면 안 돼요.

행인 : 뭐가요?

나 : 여기 사람들 기다리고 있었거든요. 근데 지금 새치기를 하시려는 거잖아요.

행인 : 그럴 수도 있는 거죠 뭐. 별걸 다 갖고 그러네.

나 : 지금 이 추위에 기다리고 있는 사람들한테는 줄을 서는 게 중요한 거예요.

행인 : 아참 되게 꼬치꼬치 얘기하시네. 그냥 좀 쉽게 갑시다.

나 : 아뇨. 이건 아저씨가 잘못 한 거잖아요. 어서 줄 서세요.

행인 : 질서가 밥 먹여 주는 것도 아니고. 참내 알았소. 줄 서면 되는 거 아뇨.

다음은 공적인 자리에서의 대화이다.

제자 : 선생님 그냥 잠 좀 자는 게 그게 잘못한 건가요?

선생님 : 수업시간에 누가 잠을 자래?

제자 : 어제 늦게까지 뭐하느라 피곤해서 좀 졸은 거잖아요.

선생님 : 수업시간에 자는 게 그게 잘 한 짓이야? 어디서 말대꾸야?

제자 : 아, 진짜 고리타분해서 말이 안 통하네. 왜 이렇게 말이 안통해요?

선생님 : 나도 참는 게 한계가 있어. 이 새끼가 보자보자 하니까, 네가 그래서 안 되는 거야.

제자 : 아 진짜 학교를 그만 두든가 해야지!

선생님 : 그냥 자퇴해!

공적인 자리에서 강하게 얘기를 내야할 때는 이렇게 하는 것이 좋다.

제자 : 선생님 그냥 잠 좀 자는 게 그게 잘못한 건가요?

선생님 : 수업시간에 잠을 자는 게 그게 잘한 짓은 아니잖아.

제자 : 어제 늦게까지 뭐하느라 피곤해서 좀 졸은 거잖아요.

선생님 : 아무리 그렇다고 하더라도 수업시작하자마자 자는 건 잘한 행동은 아니지 않니?

제자 : 아, 진짜 고리타분해서 말이 안 통하네. 왜 이렇게 말이 안통해요?

선생님 : 선생님한테 그렇게 말하는 건 아니지! 짜증이 나도 그건 구별해야지!

제자 : …

Tip

1. 상대방의 잘못이 클 때
2. 상대방의 인격을 건드리지 않는 선에서
3. **흥분하지 않고 차분한 어조로 이성적으로 얘기**

5
거짓말을 해야 할 때

과연 살면서 거짓말을 해보지 않은 사람이 있을까? 있다면 그 사람은 이미 거짓말쟁이일 것이다. 여기서 이야기하는 거짓말은 정말 상대방을 속이거나 하는 거짓말이 아니라 선의의 거짓말을 얘기하는 것이다. 부득이하게 선의의 거짓말을 해야 할 때가 참 많다. 단 들킬 수 있는 과장된 거짓말은 하지 않는 것이 좋다. 어쩔 수 없이 거짓말을 해야 할 때에도 호감이 갈 수 있는 거짓말을 하는 것이 중요하다.

행인 : 와… 너 몇 살이야?

아기 : 저요? 저는 세 살이요.

행인 : 남자야 여자야?

아기 : 저 여잔데요.

행인 : 아 그래? 씩씩하게 생겼다.

아기 : 네에.

행인 : 괜찮아. 크면서 예뻐지겠지.

차라리 말을 안 할 상황이면 안 하는 것이 좋다. 너무 솔직하게 얘기하는 것이 상대방에게 상처를 줄 수 있음을 간과해서는 안 된다. 때론 자신은 솔직한 게 매력이고 뒤끝이 없다고 하는 사람들이 있는데 그런 사람들이야말로 상대방을 배려하지 않는 이기적인 사람이다.

센스 있는 거짓말은 상대방을 배려하는 것이다.

행인 : 와… 너 몇 살이야?

아기 : 저요? 저는 세 살이요.

행인 : 아 귀엽게 생겼다.

아기 : 감사합니다.

행인 : 근처 사니?

아기 : 네.

행인 : 그래 또 보자. 웃는 모습이 참 예쁘다.

다음은 직장에서의 상황이다.

김 차장 : 뭐가 그렇게 즐거워?

직원들 : 네? 아. 아니에요.

김 차장 : 뭐야? 왜 갑자기 어색해해? 내 뒷말이라도 한 거야?

직원들 : 앗. 죄송해요.

김 차장 : 뭐? 참나… 당장 내 자리로 다들 와.

그럴 때는 이렇게 거짓말을 하는 것이 좋다.

김 차장 : 뭐가 그렇게 즐거워? 왜 그렇게 웃어?

직원들 : 네? 그냥 어제 코미디프로 얘기하다가 웃었어요.

김 차장 : 아 그래? 근데 무슨 차장 얘기 한 거 같은데?
내 얘기 아냐?

직원들 : 아니에요. 그 코미디프로에 직장생활 코너가 있어요.

김 차장 : 아 그래? 나도 한번 봐야겠네.

'아' 다르고 '어'다르다. 같은 의미라도 어떻게 하느냐에 따라 상대방의 기분이 달라질 수 있다. 거짓말을 할 상황에서는 상대방의 입장을 고려해서 센스 있는 거짓말을 해야 한다. 마치 의사가 얼마 살지 못할 환자에게 '이제 곧 죽으실 거예요.'라고 하는 것과 '계속 건강하도록 노력하셔야 해요.'라고 하는 것은 천지차이다.

Tip

1. 상대방의 기분이 상하지 않게
2. 완곡한 표현의 센스 있는 거짓말
3. 긍정적인 목표에서의 거짓말

6
사과할 때

부득이한 경우든 아니면 실수든 사과를 하는 경우가 많다. 하지만 사과를 해도 뭔가가 찜찜하거나 오히려 분위기가 더 냉랭해지는 경우도 있다.

사과에도 방법이 있다.

먼저 친구 간의 대화를 들어보자.

정화 : 나 할 말이 있어.

미희 : 응 뭔데?

정화 : 나 솔직히 네 행동 이해 안 가. 아무리 나한테 기분이 나빠도 그렇지.

그 상황에서 어떻게 혼자 가버릴 수가 있어?

미희 : 지금 나한테 또 시비 거는 거야?

정화 : 시비 거는 게 아니고, 사과하러 온 거잖아.

미희 : 그게 무슨 사과야?

사과는 사과다워야 한다. 즉, 상대방에 대해 지적을 하기 전에 내 잘못에 대해 충분히 인정을 해야 상대방도 마음이 열리고 자신의 잘못을 뉘우치게 된다는 의미이다. 사과할 때 많이 하는 실수 중 하나가 자존심을 세우고 내가 사과하기 전에 상대방의 용서를 구하는 행동이다. 그러려면 사과의 의미가 없다.

다음과 같은 사과방법이 좋다.

정화 : 나 할 말이 있어.

미희 : 응 뭔데?

정화 : 내가 지난번에 흥분해서 너한테 기분 나쁘게 말했던 거 미안해. 내가 곰곰이 생각해 봤는데 네가 되게 기분이 나빴을 거 같아.

미희 : 아냐. 나도 잘한 거 없어. 나도 흥분했는데 뭐.

정화 : 정말 미안해. 그런 의미에서 내가 밥 살게. 맛난 거 먹으러 가자.

미희 : 그래. 나 삼겹살 땡기는데.

사과를 할 때는 진심을 담아서 그리고 구체적으로 하는 것이 좋다.

건성으로 하거나 표현을 왜곡해서 하는 사과는 안 하느니 못하다.

Tip

1. 진심을 담아 사과한다.
2. 어떤 것을 잘못했는지 구체적으로
3. **자존심을 세우지 않는다.**

7 용서할 때

상대방이 사과를 진심으로 구했을 때, 내가 상대방을 용서할 마음이 생길 때는 쿨 하게 용서하는 것이 좋다. 사과를 할 때나 용서할 때 자존심을 세우는 사람이 있는데 그것만큼 어리석은 것은 없다.

신 과장 : 죄송합니다. 차장님 어제는 제가 술자리에서 말이 좀 지나쳤던 것 같습니다.

오 차장 : 음… 물론 술자리니까 그럴 수도 있다고 해도 어제는 좀 지나쳤어.

신 과장 : 네 정말 죄송합니다.

오 차장 : 죄송해서 될 문제가 아니야. 난 사실 기분이 나빠. 자네 어제 뭐라고 했어?

생각은 나기나 해? 술버릇이 고약해서 기억이 나기나 했는지 모르겠네.

신 과장 : …

오 차장 : 왜? 기분 나빠?

신 과장 : 아니에요.

상대방이 진심으로 용서를 구했는데도 쿨 하지 못하게 용서를 하지 못하는 것은 문제가 있다. 물론 상대방이 선을 너무나 심하게 넘거나 반복적인 행동으로 더 이상 간과를 할 수 없을 때는 그렇지 않을 수도 있겠지만, 상대방의 과실이 크지 않고 진심으로 용서를 구할 때는 쿨 하게 사과를 받아들이는 것이 멋진 용서의 방식이다.

용서를 할 때는 이렇게 하는 것이 좋다.

신 과장 : 죄송합니다. 차장님 어제는 제가 술자리에서 말이 좀 지나쳤던 것 같습니다.

오 차장 : 음… 물론 술자리니까 그럴 수 있지. 담엔 좀 더 조심하면 되지 뭐.

신 과장 : 네 정말 죄송합니다.

오 차장 : 아냐. 다음부터는 안 그러면 돼. 나도 실수 하는데 뭐.

신 과장 : 네 주의하겠습니다.

오 차장 : 어제 잘 들어갔어?

신 과장 : 네네.

Tip

1. 쿨하게 받아들인다.
2. 진심으로 받아들인다.
3. 상대방의 자존심을 무너뜨리지 않는다.

8
충고할 때

충고는 상대방에게 득이 되기도 하지만 때에 따라서 독이 되기도 한다. 상대방과 교감이 없는 상태에서의 충고는 안 하느니만 못하다. 조언할 때는 '내가 이 사람에게 조언을 해도 되는 관계인가?'를 먼저 고려해야 한다. 그러고 나서 진심을 담아 얘기하되 상대방의 입장을 고려해서 충고를 하는 것이 중요하다.

다음은 어느 직장에서의 대화이다.

김 대리 : 최진영 씨는 이제 입사한 지 얼마나 됐어요?

최 사원 : 저는 이제 6개월 정도 됐습니다.

김 대리 : 최진영 씨한테 내가 조언하나 할까?

최 사원 : 네?

김 대리 : 진영 씨는 좀 사람이 꿍한 거 같아. 사회생활을 잘 하려면 좀 더 쾌활해야 할 걸.

최 사원 : 아, 네.

김 대리 : 상사가 얘기를 할 때는 웃는 얼굴로 대답을 해야 하는데, 표정이 뭔가 기분이 나쁘다는 느낌이야.

상대방이 받아들일 준비가 되지 않는 상태에서의 조언은 조언이 아니라 폭력이다. 조언이라는 것은 상대방이 그것을 받아들일 수 있는 환경이나 관계가 되었을 때 해야 한다. 상대방을 위한답시고 무모한 또는 과격한 충고를 하는 경우가 많지만 그것은 상대방을 기분 나쁘게 하는 충고이다. 또한 충고를 할 때는 어떤 사안이나 부분을 가지고 얘기해야 한다. 상대방의 인격이나 자존감을 건드리는 충고는 오히려 상대방에게 불쾌감을 가지게 할 수 있다.

이렇게 조언을 하는 것이 바람직하다.

김 대리 : 최진영 씨는 요새 일 많이 힘들지?

최 사원 : 아뇨 괜찮습니다.

김 대리 : 최진영 씨 잘 하는 부분도 많은데 한 가지 아쉬운 부분이 있어서 괜찮다면 내가 얘기해 줘도 괜찮을까?

최 사원 : 아 네. 괜찮아요.

김 대리 : 진영 씨가 마음이 안 그런다는 건 알겠는데, 가끔 표정으로 인해 기분이 나빴나? 라는 오해를 할 때가 있어. 나야 진영 씨를 아니까 상관없지만, 혹여 다른 사람이 오해할까봐.

최 사원 : 아, 네. 저도 그런 얘기 많이 들었어요.
고치도록 하겠습니다.

Tip

1. 부드러운 분위기 속에서
2. 상대방의 입장을 공감하면서
3. **상대방이 받아들일 준비가 됐을 때**

9
칭찬할 때

한국 사람은 참 칭찬에 어색한 부분이 있다. 가령, '옷이 멋져요.'라고 했을 때 '뭘요.' 또는 '아니에요.'라는 말을 하는 경우가 많다. 칭찬할 때는 '감사하다.'라고 하는 것이 사실 상대방의 칭찬에 대한 보답인데 아직, 우리나라가 유교적인 미덕을 강조하는 부분이 있어서 그런지 칭찬에 대해서도 인색하고 대답에 대해서도 인색한 경우가 많다.

다음은 어느 부부의 대화 내용이다.

최팔용 : 오늘 뭐 했어?

오수희 : 나? 어 미용실 갖다 왔는데.

최팔용 : 어쩐지. 뭔가가 달라졌다 싶더라. 얼마 주고 했어?

오수희 : 그냥 했어. 할인 기간이라.

최팔용 : 파마가 그게 뭐야? 촌스럽게.

오수희 : 말 좀 기분 나쁘게 하지 마. 뭐가 촌스러운데? 네 얼굴이 더 촌스러워.

최팔용 : 무슨 좋은 말을 하려 하면 이렇게 대답하니 칭찬을 할 수 있어야지.

칭찬은 구체적으로 하는 것이 중요하다. 영혼 없이 하는 칭찬은 칭찬이 아니라 대답일 뿐이다. 여기서 구체적으로 한다는 의미는 어떤 부분을 칭찬하는 것인지를 분명히 하는 것이 좋다는 의미다. 그냥 포괄적으로 '예쁘네.'라는 칭찬보다는 '옷이 예쁘다. 목걸이가 피부 톤과 잘 어울린다.' 등의 구체적인 칭찬이 보다 상대방에 대한 관심과 애정이 드러나기 때문이다.

다음과 같이 칭찬하는 것이 좋다.

최팔용 : 오늘 뭐 했어? 화사해졌네.

오수희 : 나? 어 미용실 갔다 왔는데.

최팔용 : 어쩐지. 뭔가가 달라졌다 싶더라. 머리 웨이브 주니까 더 세련돼 보이네.

오수희 : 그래? ㅋㅋㅋㅋ

최팔용 : 자기는 피부 톤이 하얘서 웨이브를 하면 더 청순해 보여.

오수희 : 그래? 배 안고파? 밥 차려 줄까?

사실 남편은 칭찬하고 싶었던 모양인데, 그 칭찬 방법이 서툴러서 장난을 친다는 것이 오히려 기분을 상하게 했다. 칭찬하는 것도 연습이 필요하다. 많은 사람들이 무엇을 어떻게 칭찬해야 하는지 모르는 경우가 많다. 그래서 칭찬도 해 본 사람이 잘할 수 있는 것이다.

Tip

1. 진심에서의 칭찬이어야 함
2. 상대방에 대한 대가를 바라지 않음
3. 구체적인 칭찬이어야 함

10

약속을 어겨야 할 때

약속은 그 사람의 신뢰도를 가늠하는 척도이다. 그러므로 약속을 함부로 하지 않는 것이 신뢰에 오히려 더 도움이 된다. 만약 약속한다면 반드시 지켜라. 그렇다면 부득이하게 약속을 어겨야 한다면 어떻게 할까?

다음은 어느 연인의 대화 내용이다.

미선 : 오빠, 내일 강남역 어디서 봐?

진구 : 아 맞다, 나 내일 중요한 약속이 있어서…

미선 : 뭐? 나랑 내일 7시에 강남역에서 보기로 했잖아.

진구 : 그렇긴 한데, 일과 관계된 거라…

미선 : 그럼 우리 약속은 안 중요하다는 거야?

진구 : 그런 뜻이 아니야. 왜 화를 내고 그래?

미선 : 그럼 내가 화가 안 나게 생겼어?

당연히 약속을 지키지 않으면 상대방은 기분이 상할 수밖에 없다. 사실은 약속을 지키지 않아서 화가 났다기보다 배려하지 않고 자기만 생각을 한 부분 때문에 화가 난 것이다. 따라서 만약 약속을 어길 경우에는 왜 어길 수밖에 없는지 그리고 그 부분에 대해서 어떻게 할 것인지를 분명히 하는 것이 중요하다.

약속을 부득이하게 어겨야 할 때는 이렇게 말하는 것이 좋다.

진구 : 미선아, 정말 미안한 데. 내일 말고 다른 날 보면 안 될까?

미선 : 뭐? 나랑 내일 7시에 강남역에서 보기로 했잖아.

진구 : 어 그런데, 중요한 회사 일과 연관된 거라서 내일 내가 참여하지 않게 되면 불이익이 생겨서 그래. 미안해. 내일 말고 이번 주 언제 시간 돼?
대신 내가 미선이 시간에 맞추고 맛난 밥 살게.

미선 : 어쩔 수 없지 모. 그럼 목요일 7시는 돼?

진구 : 당연하지. 그때 보자. 맛난 거 먹자.

미선 : 알았어. 그날 봐.

공적인 자리에서의 약속을 미룰 때도 마찬가지이다.

김 원장 : 올해 인센티브가 지급될 예정이었는데 그렇지 못할 것 같네요.

직원들 : 왜요?

김 원장 : 학원 사정이 좋지 않아서요. 양해해 주세요.

직원들 : 그렇지만 원장님이 그건 꼭 해 주신다고 말씀하신 거잖아요.

김 원장 : 제가 일부러 안 해주는 거예요? 어쩔 수 없는 거잖아요.

직원들 : …

김 원장 : 그 부분이 맘에 안 들면 어쩔 수 없는 거죠 뭐. 절이 싫으면 중이 떠나야죠.

공적인 자리에서는 이렇게 말하는 것이 좋다.

김 원장 : 올해 12월에 인센티브가 지급될 예정이었는데 학원 사정이 좋지 않아서 약속을 지키지 못할 것 같네요. 정말 죄송합니다.

직원들 : …

김 원장 : 대신, 이제부터 토요일 근무를 없애도록 하겠습니다. 회사 사정이 좋아지면 반드시 인센티브를 드리도록 하겠습니다. 여러분이 그동안 열심히 일해 주신 거 누구보다 잘 알고 있습니다. 다만, 지금 학원사정이 좋지 않아서 그 점 이해해 주시면 감사하겠습니다.

직원들 : 네 알겠습니다.

김 원장 : 앞으로 제가 더 열심히 일을 해서 학원이 더 나아질 수 있도록 최선을 다 할테니 염려하지 마시고 조금만 더 분발해 주시면 감사하겠습니다.

직원들 : 네 알겠습니다.

Tip

1. 약속을 취소해야 하는 명확한 이유
2. 상대방의 입장에서 배려
3. **약속을 취소한 것에 대한 보상**

11 협상할 때

협상할 때 가장 중요한 점은 '윈윈'이다. 즉, 내가 얻어가는 것도 중요하지만, 상대방 역시 자신이 원하는 것을 얻어가야 한다. 그것이 맞지 않으면 협상이 되지 않는다. 가령, 우리가 편의점에서 물건을 살 때 '과연 그 물건이 나에게 필요한지, 적당한 가격에 형성되어 있는지.' 등을 파악해서 조건이 맞을 때 구매를 한다. 그런 것처럼 협상 역시 그런 조건이 성립되어야 한다.

다음은 어느 계약 상황에서의 협상 대화이다.

김 실장 : 유 대표님, 이번 계약을 같이 하게 되면 많은 수익이 날 거예요.

유 대표 : 그래요? 어떤 게 좋은 건데요?

김 실장 : 일단, 저를 믿고 따라오시면 돼요. 두 달 안에 많은 수익을 가져다 드릴게요.

유 대표 : 그럼 수익 배분은 어떻게 하죠?

김 실장 : 수익 배분은 저희가 7 유 대표님이 3 이렇게 일단 하구요. 나중에 잘되면 5:5로 할게요.

유 대표 : 좀 더 생각해 볼게요.

실제로 이런 어설픈 협상 형태가 많다. 협상이 되려면 나와 비슷한 이익을 가져가거나 상대방이 더 이익이 많을 경우이어야 된다. 물론 협상의 마지노선은 필요하다. 내가 막대한 손해를 보면서 협상을 하는 것은 어리석다.

마지노선이 정해졌다면 현명한 협상의 방법은 보편적 협상이 아니라 보장적 협상이 되어야 한다.

즉, 상대방과 내가 똑같은 조건에서 이익을 나누어 가지는 것을 보편적 협상이라 한다면 보장적 협상은 상대방이 원하는 것을 해주는 것이다. 그렇기 때문에 상대방이 꼭 필요한 것을 얻게 된다면 협상이 성립이 될 확률이 높아진다.

내가 원하는 것과 상대방이 원하는 것을 손해 보지 않는 선에서 제대로 찾아줄 때 비로소 현명한 협상, 나도 얻고 상대방도 얻어가는 만족스런 협상이 되는 것이다.

현명한 협상은 이렇게 이루어진다.

김 실장 : 유 대표님, 이번 계약 조건은 6 : 4예요. 대신 저희가 프로젝트에 관련된 장소와 비용을 내겠습니다.

유 대표 : 네, 일단 그 조건보다는 저는 5 : 5로 했으면 해요.

김 실장 : 만약 5 : 5로 한다면 프로젝트 비용도 5 : 5로 해야 하는데 괜찮으시겠어요?

유 대표 : 음, 저희가 지금 자금유통이 원활하지 않아서 장소와 관련된 비용을 내는 것은 좀 부담스러워요.

김 실장 : 그럼 이렇게 해요. 5 : 5로 하고 프로젝트와 관련된 장소비용은 저희가 양보할게요. 대신 거기에 관련된 홍보에 대한 부분을 대표님 마케팅 직원 분을 통해 도움을 받는 걸로 하죠.

유 대표 : 네 그거 좋은 방안이네요.

이처럼 좋은 협상이란 상대방이 가져가는 것에 만족을 느껴는 것이다.

가령, 누군가에게 선물을 해줄 때, 비싸지만 누군가에게 필요하지 않는 선물과 비싸지는 않지만 상대방에게 꼭 필요한 선물을 준다면,

후자가 더 값진 선물이 되는 것처럼 협상 역시 상대방의 환경과 조건에 적합한 타협이어야 한다. 그것이 바로 경제적인 협상이다. 그래야 서로가 이길 수 있는 만족스런 협상이 되는 것이다.

Tip

1. 내가 얻는 것을 생각하라.
2. 상대방이 얻어가는 것을 고려하라.
3. **보편적 협상이 아닌 보장적 협상을 하라.**
4. **나도 이기고 상대방도 이기는 만족스런 협상**

part 4.
남녀 사이의 대화법

1
남자와 여자의 차이

남자와 여자는 태생부터가 다르다.

오죽하면 '화성 남자 금성 여자'라는 말이 있겠는가.

그런데 이 차이를 인정하지 않는 순간 바로 불행이 시작되는 것이다. 우린 이제껏 연인과 사랑을 하면서 이 불행을 이미 많이 겪었다.

남자와 여자의 차이에 대해 무수한 얘기가 있지만, 딱 하나의 문장으로 정의를 내리면 다음과 같다.

연인 사이에 있어서, 남자는 여자가 자기의 '팬'이 되어주길 바라고, 여자는 남자가 자기의 '편'이 되어주길 바란다. 바로 이 점이다.

이 말은 남녀차이의 모든 걸 함축하고 있다고 해도 과언이 아니다.

일단 남자는 태생적으로 이성적일 수밖에 없고 논리를 중요시하고 결과를 중요시한다.

그래서 쇼핑을 싫어하는 것이다. 왜냐하면, 그 복잡한 과정이 싫은 것이다.

이미 인류학에서 얘기했듯이 수렵생활시절부터 남자는 사냥을 하고 결과를 내야하기 때문에 이성적인 머리가 발달하고 공간능력이 발달했다.

반면 여자는 남자가 없는 동안 마을을 지켜야하고 자식을 돌보고 남편을 내조했기 때문에, 결과보다는 과정, 그리고 지혜가 발달할 수 있었다.

그렇기 때문에 남녀 사이에는 차이가 존재할 수밖에 없고, 그 차이를 인정하면 다툼이 일어나지 않을 수 있고 차이를 인정하지 못하면 갈등이 생길 수밖에 없다.

다음은 남녀 간의 차이에 대한 비교이다.

	남자	여자
이성	이성 중심	감성 중심
과정	결과 중심	과정 중심
취미	차, 기계, 운동, 스포츠, 술	쇼핑, 수다, 음식, 와인
장점	논리적이고 객관적이다.	감성적이고 공감능력 좋다.
단점	경청과 공감에 약하다.	객관적인 시야가 부족

여기에 열거한 내용 외에도 남녀 간의 차이는 많다.

하지만, 이러한 근본적인 차이를 이해하는 것이 남녀 간의 문제를 해결하고 소통하는 데 있어 매우 중요한 부분이다.

2

소개팅에서의 대화법

자세

1. 시선은 상대방의 눈을 본다.
2. 눈빛은 최대한 부드럽게 한다.
3. 고개를 끄덕이며 반응해 준다.
4. (아하, 네에) 등의 추임새를 넣는다.
5. 몸은 상대방을 향한다.

대화

• 얼마나 즐거웠는가?

복장

• 얼마나 격식을 갖췄는가?

상대방의 태도

• 지각 및 식사예의

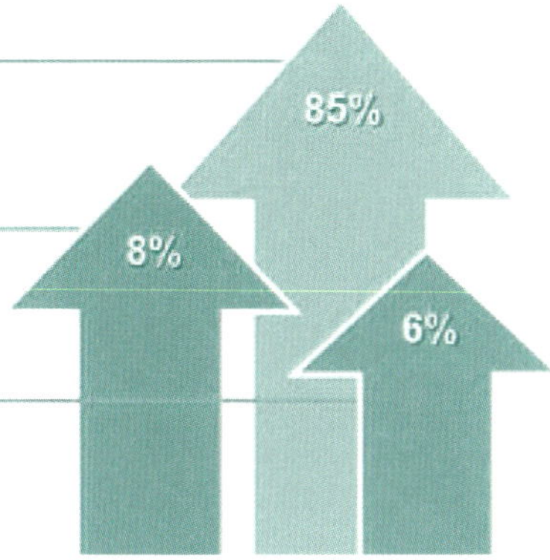

경청

• 경청하지 않는 태도

자기얘기

• 자기 위주의 사연과 자랑

불평불만

• 끊임없는 부정적 얘기, 지적질

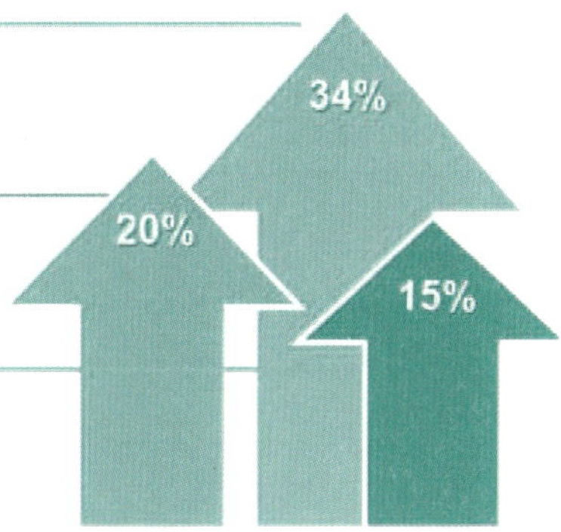

그러니 자신의 이상형을 조금만 낮춰보자. 아니 이런 추상적인 얘기 말고 현실적으로 이렇게 생각을 바꿔보자. '나는 10가지를 다 봐야지.'라고 생각하지 말고 '나는 3가지 정도만 보자.'라는 식으로 최소치와 최대치를 좀 줄여 보는 것이다. 그리고 그러한 사람이 나타나면 최대한의 노력을 다하라.

(소개팅 몹쓸 대화 내용 - 남)

남 : 조금 늦으셨네요.

여 : 아 네, 차가 막혀서요.

남 : 에이, 그럼 지하철 탔으면 안 늦었을 텐데… 그런 의미에서 쏘세요.

여 : 아… 뭐 하시는 분이세요?

남 : 맞춰보세요.

여 : 글쎄요.

남 : 하하하 농담이에요. 농담. 조크…

여 : 하. 하. 하

남 : 솔직히 오늘 머리 안 감고 오셨죠?

Tip

소개팅에서 제일 싫어하는 유형 중 하나가 바로 의미 없는 농담을 하거나 상대방을 공격하는 말을 하는 것이다. 위의 남자는 두 가지를 다 갖췄다.
상대방에게 호감을 얻으려면 먼저 상대방을 존중하고 배려하는 습관을 키워야 한다.

(소개팅 호감 대화내용 - 남)

남 : 오시느라 고생하셨어요.

여 : 아 네, 차가 막혀서요. 죄송해요.

남 : 아녜요. 저도 방금 왔어요. 아 참, 인사를 안 했네요.
저는 김철수입니다.
반가워요. 눈이 참 예쁘시네요.

여 : 아 네 감사해요. 뭐 하시는 분이세요?

남 : 혹시 책 좋아하세요? 저는 도서 관리를 하고 있어요.

여 : 아 그래요? 저 소설 좋아해요.

남 : 소설 좋죠. 저도 소설 좋아해요. 특히 '거미'라는 책이 인상적이더라고요.

Tip

남자가 여자입장에서 공감해주니 여자도 마음을 열 수밖에… 소개팅이기 전에 사람과 사람의 대화라는 생각을 하고, '상대방이 어떻게 하면 편안할 수 있을까?'를 진심으로 고민하고 배려하는 것이 느껴지면 호감은 자연스럽게 생길 수밖에 없다.

(소개팅 몹쓸 대화내용 - 여)

남 : 안녕하세요.

여 : 네.

남 : 저는 김철수 입니다. 만나서 반갑습니다.
오시느라 고생하셨어요.

여 : 아 네. 뭘요.

남 : 출출하시죠? 뭐 드시겠어요? 메뉴판 여기 있어요.

여 : 전 A코스요.

남 : 와, 안목 있으시네요. 그 메뉴가 여기 추천베스트거든요.

여 : 그렇군요.

Tip

소개팅에서 남자들이 싫어하는 유형은 바로 무뚝뚝한 스타일의 여자다.
아무리 재밌게 하려해도 분위기를 즐겁게 하려 해도 목석같이 반응하는데 누가 유머를 던지겠는가? 돌을 던지고 싶지.

(소개팅 호감 대화내용 - 여)

남 : 안녕하세요.

여 : 네, 안녕하세요.

남 : 저는 김철수입니다. 만나서 반갑습니다.
오시느라 고생하셨어요.

여 : 아녜요. 저는 김미영이에요. 반가워요.
옷이랑 타이랑 잘 어울려요.

남 : 아 감사합니다. 미영씨도 오늘 날씨랑 옷이랑 잘 어울려요.
출출하시죠? 뭐 드시겠어요? 여기 메뉴판이요.

여 : 저는 A먹을래요. 배고프시죠? 뭐 드시겠어요?

남 : 네, 저는 B먹을게요. 같이 먹어요.

1. 공통관심사를 가지고 공감할 수 있는 대화를 하라.
2. 상대방을 최대한 편하게 해 주어라.
3. 다양한 모습을 보여 주어라.
4. 오늘보다 내일을 기대하게 만들어 주어라.

소개팅에서 썸으로 또는 연인관계로 발전하려면 무언가 '느낌'이 와야 한다. 그 느낌을 차지하는 것이 첫 번째는 '나와 대화가 잘

통하는가'이고 두 번째는 '매력적인 사람인가'이다.

따라서 먼저 공통관심사를 가지고 공감할 수 있는 대화를 하는 것이 무엇보다 중요하다.

소개팅에서 대화한 지 얼마 안 돼서 '저 어때요?' 또는 '저 맘에 드세요?'라고 얘기하는 것은 상대방이 지극히 맘에 들지 않고서야 호감을 떨어뜨리는 말이 된다. 왜냐하면 상대방은 서서히 맘을 알아가고 싶은데, 자기식대로 생각하고 자기위주의 표현처럼 보이기 때문이다.

그렇기 때문에 공통관심사로 상대방을 편안히 해 준 다음, 어느 정도 상대가 마음이 열렸을 때, 개인적인 관심사로 거리를 좁혀야 하는 것이 중요하다.

가령, "이제 날씨가 많이 쌀쌀해 졌네요. 겨울엔 보통 어떤 걸 좋아하세요?"라고 말하면 "아 네, 저는 겨울엔 따뜻한 국물을 좋아해서 선술집 같은 곳을 좋아해요."라고 대답한다. 그런 공통관심에 대한 대화가 한참 진행이 되고 나서, "개인적으로 좋아하는 음식점이 있으세요?", "네 저는 이태원 ○○○집을 좋아해요.", "저도 그 집 좋아하는데 나중에 친해지면 한 번 같이 가요."라는 식의 개인관심사로 진행이 되어야 상대방이 부담을 느끼지 않는다.

소개팅에서 한가지의 모습을 보여주는 것보다는 다양한 모습을 보여주는 것도 매력적인 사람으로 각인되게 하는 중요한 부분이다.

우리가 놀이기구를 탈 때, 한 가지의 재미보다는 다양한 스릴을 줄 수 있는 놀이기구를 선호 하듯이 사람의 매력도 마찬가지이다.

하지만, 무엇보다 소개팅 그리고 남녀관계에서 중요한 것은 '진심'이다.

그 어떤 부분도 진심을 대신할 수 없고 그 어떤 노력도 진심이 담겨져 있지 않으면 진전도 없다. 조금은 서툴더라도 진심이 통하면 상대방의 마음이 움직여 질 수 있다.

그렇기 때문에 소개팅, 남녀사이를 비롯한 인간관계에서 그 어느 것도 '진심'보다 중요한 것은 없다.

3

왜 다투는가?

지희 : 오빠는 나 안 보고 싶어?

영철 : 보고 싶지…

지희 : 근데 왜 요새 연락 자주 안 해?

영철 : 아냐 자주 했어… 근데 정말 회사가 정신없어서 그래

지희 : 나보다 회사가 더 중요해?

영철 : 그렇게 말하는 건 아니지. 내가 일부러 안하는 것도 아니잖아.

지희 : 그게 문제야. 난 매일 보고 싶은데 왜 오빠는 그런 생각이 안 들어?

영철 : 나도 그래. 근데 어쩔 수 없을 때가 있잖아.

지희 : 거봐, 오빠 얘기는 다 핑계야.

영철 : 내가 지금 핑계 대는 것처럼 보여?

지희 : 왜 화를 내? 왜 화를 내냐구!!

지금 저 두 사람은 사랑을 하는데 다투고 있다.

그런데 문제는 다투는 이유이다. 남자는 회사 일 때문에 어쩔 수 없다고 하고, 여자는 회사와 자기 중 선택하라고 하고 한다. 그런데 사실 이 문제는 남녀 간의 차이에서 비롯되기 때문이다.

남자는 논리를 갖고 애기를 하고 여자는 감정을 갖고 얘기를 하기 때문에 서로 이해하기 힘든 부분이 존재하는 것이다.

그런데 그 차이를 가지고 '네 탓이다, 내 탓이다'라고 할 필요가 없는 것이다.

가족 간에도 서로 이해가 안 되는 부분이 있고, 친구사이에서도 그러한데 하물며 몇 십 년을 다른 환경에서 자라온 사람, 게다가 성별이 다른 사람이 조화를 이루는데 어찌 순조로운 관계를 바랄 수가 있을까?

당연히 남녀사이에는 좁힐 수 없는 강이 흐른다.

이 차이를 얼마나 인정하고 이해하느냐가 연애와 결혼을 할 수 있는 관건이 될 수 있다.

대륙의 흔한 남녀의 다툼이다.

진희 : 왜 전화했어?

민수 : 아 대체 왜 그래? 모가 문젠데?

진희 : 몰라서 물어? 왜 나한테 화를 내?

민수 : 내가 화가 난건 네가 나한테 원피스를 입고 싶다 해서 같이 옷을 사러갔잖아

진희 : 근데?

민수 : 근데 네가 몇 번이나 다른데도 둘러보자고 해서 같이 가줬잖아. 근데 또 맘에 안 든다며?

진희 : 그래서 화를 내? 오빠는 나를 그 정도로 밖에 생각안하는 거야. 내가 자주 그래?

기념일이라 갖고 싶은 게 있으니 더 알아보자고 한 거잖아?

민수 : 그건 알겠는데, 도대체 몇 시간을 돌아다녀야 하는 건데?

아마 누구나 이러한 비슷한 경험은 한두 번은 있을 거라 생각한다.

여자는 쇼핑을 좋아하고, 남자는 차나 스포츠를 좋아한다. 그런데 문제는 자기가 좋아하는 것을 인정 한다고 해서 해결이 되는 것이 아니라는 점이다.

이 취미 차이에 여자는 '과정' 중심, 남자는 '결과' 중심의 차이도 존재한다.

즉 여자는 위의 대화에서 쇼핑하는 과정을 즐기는데 남자는 그런

여자의 태도가 맘에 들지 않고 이해가 가지 않는다.

남자는 맘에 드는 물건이 있으면 속전속결로 해결하려는 성향이 강하고 이에 반면 여자는 천천히 과정을 즐기는 데서 행복을 느끼는 습성이 있다.

이에 대한 차이를 인정하지 않으면 당연히 다툼이 생길 수밖에 없다.

4

왜 내 남자 친구는 화가 나 있는가?

내 남자 친구 화가 나 있는 이유가 뭘까? 애도 아니고 말이다. 그 이유는 남자 친구가 원하는 행동 또는 결과가 나오지 않아서이다.

남자는 '자존심의 동물'이다. 그건 수렵사회부터 시작된 사냥본능에서 비롯된 수확과 뿌듯함에서 파생된 부분이어서 늘 리더가 되기를 원하고 인정받기를 원하는 본능이 있다.

이 점을 절대 간과해서는 안 된다.

영희 : 오빠 얘기해봐. 왜 그러는데?

진호 : 뭐가? 아냐…

영희 : 뭐가 아니야? 얼굴에 써져 있는데…

진호 : 그냥 좀 기분이 안 좋아서 그래.

영희 : 내가 아까 한 말 때문에 그래?

진호 : 솔직히 기분이 좋지는 않지. 왜 나랑 그 사람을 비교해?

영희 : 비교하는 게 아니라 그냥 얘기한 거야. 돈 많이 버는 건 사실이잖아.

진호 : 그걸 왜 내 앞에서 얘길 하냐고?

영희 : …

아마 일부러 그런 건 아닌데, 남자의 자존심을 건드렸나 보다.

남자는 자존심이 매우 강한 동물이다. 특히 능력에 관한 부분에 있어 비교를 당하는 것을 싫어하기 때문에 그러한 부분이 조금이라도 자극이 되면 즉각적으로 반응이 온다.

남자라는 동물은 자신이 최고이기를 바라는 그렇기 때문에 권력욕이 강한 동물이고, 늘 그렇게 힘과 권력에서 어느 정도의 위치를 차지하기를 바란다.

그건 지난 챕터에서도 얘기했듯이 수렵사회로부터 내려온 본능이라 할 수 있다.

또는 이럴 때도 남자는 화가 난다.

주호 : 왜 그래? 아까부터?

미희 : 뭐가?

주호 : 집에 오는 내내 아무 말도 안하잖아.

미희 : 그럴 만한 사정이 있으니까 얘기를 안 하겠지.

주호 : 그러니까 그럴만한 사정이 뭐냐구?

미희 : 오빠는 내가 일일이 다 얘길 해야 돼?

주호 : 얘기를 안 하는데 내가 어떻게 아니? 내가 점쟁이야?

미희 : 오빠는 정말 센스가 없는 것 같아.

주호 : 휴우…

여자들 중에 남자가 알아서 좀 이해하고 눈치를 챘으면 하는 바람을 가진 분들이 많다.

하지만 그건 정말 착각이자 욕심이다. 남자들은 경주마처럼 복합적으로 돌아보지 않고 한 곳으로만 생각할 수 있기 때문에 여자들의 바람처럼 다양한 각도에서 센스 있게 자신의 마음을 알아주는 것을 할 수 있는 능력이 부족하다.

여기서도 결국 남자가 화가 나있는 이유는 남녀의 차이에서 비롯된 부분을 정확히 이해하지 못하기 때문에 일어난다고 해도 과언이 아니다.

물론 남녀 차이와 남녀 간의 천성에서 전부 비롯된다고 단정 지을 수는 없지만, 많은 부분에 있어서 남녀 간의 다툼은 서로의 차이에서 생긴다.

5

왜 내 여자 친구는 뾰로통해 있는가?

그렇다면 여자 친구는 왜 뾰로통해 있을까?

그 이유는 바로 여자는 '분위기의 동물'이기 때문이다.

대부분 남자친구들은 결과를 중요시하기 때문에 여자 친구의 기분을 헤아려주는데 어색하고 어설픈 부분들이 많다.

여자들은 감정적이고 분위기의 동물이라서 남자친구와 좋을 때나 나쁠 때나 과정을 중요시 한다.

그런데 남자들은 대부분 이 과정이라는 것을 귀찮게 여기고 결과 중심적이기 때문에 예를 들면 놀이동산을 가더라도 몇 시에 가서 뭐할지, 몇 시에 올지 정도만 중요시하는데 여자들은 과정 중심이라

가서 어떠어떠한 것을 타고 어디서 무엇을 먹고 어떤 사진기를 가지고 가는지 등 수없는 과정을 거쳐야 하는 동물이다.

그렇기 때문에, 결과 중심적인 남자는 과정 중심적인 여자의 마음을 이해하지 못하고, 감정중심인 여자는 이성 중심인 남자를 이해하지 못하는 것이다.

어떤 연인의 대화이다.

미선 : 나 집에 갈래.

철호 : 내가 잘못했어.

미선 : 뭐를? 뭘 잘못했는데?

철호 : 그냥 다…

미선 : 뭘 잘못했는지 얘길 해야 할 거 아냐.

철호 : 미안해… 내가 잘못했어.

미선 : 오빠는 맨날 뭘 잘못했는지도 모르면서 그냥 잘못했대. 난 그게 싫다는 거야.

철호 : 미안해. 그럼 내가 어떻게 해야 화가 풀리니?

미선 : 아냐… 됐다 됐어. 오빠랑 말하는 내가 잘못이지

또 다른 연인의 대화이다.

희수 : 오빠 나 오늘 어때?

태헌 : 근데 얼굴이 좀 달라진 것 같네.

희수 : 그래? 나 예뻐졌어?

태헌 : 아니 좀 부운 것 같아.

희수 : 어제 라면을 먹고 자서 그런가?

태헌 : 혹시 살찐 거 아냐?

희수 : 오빠는 내가 살찌면 싫어?

태헌 : 아니 그게 아니구 건강이 걱정돼서 얘기하는 거지.

희수 : 거짓말 마. 오빠 표정이 달라진 게 다 보였어.

남자가 능력 부분에 있어서 민감한 것처럼, 여자는 외모에 대해 상당히 민감하다.

더군다나 자기를 믿어주는 남자가 그러한 말을 하는 것에 대해서는 실망과 더불어 모욕감을 느낄 수밖에 없다.

또한 여자는 남자가 알아서 자기의 기분을 맞춰주길 바라는데 대부분의 남자들이 여자들이 바라는 것과 같은 센스와 융통성을 지니고 있지 않기 때문에 그러한 부분에 있어서 마찰이 많이 생기는 것이다.

이때 중요한 것이 바로 이해와 타협이다.

즉, 남녀 간의 차이를 인정하고 그것을 자기위주로 바꾸는 것이 아니라, 그 차이를 이해하고 그렇기 때문에 존중하라는 것이다.

6

화가 난 여자 친구를 달래는 대화법

내 여자 친구가 화가 나 있을 때 보통 남자들은 이런 대화를 한다.

영철 : 얘기해봐. 왜 화가 나 있는데?

소희 : 몰라두 돼…

영철 : 네가 얘기를 안 하면 내가 어떻게 알아? 그렇지 말고 대화를 하자.

소희 : 오빠는 내가 왜 화났는지 몰라? 왜 그렇게 눈치가 없어?

영철 : 응? 네가 얘기를 안 하는데 내가 어떻게 알아? 내가 초능력자야?

소희 : 휴우…

영철 : 아 정말 왜 그래? 짜증나게?

소희 : 짜증 나? 또 화내는 거야? 오빠는 그게 문제야. 그 참을성 없는 성격이 문제라구!

영철 : 거기서 갑자기 내 성격이 왜 나와? 나도 이젠 네가 지겨워.

바로 대륙의 흔한 여자 친구가 삐졌을 때 달래는 방법이다.

자 여기서 주목할 점은 남자의 성급한 태도이다. 여자는 남자가 자신을 잘 이해해 주고, 공감해주기를 바라는데, 남자의 결론을 빨리 내려 하는 성급한 태도 때문에 오히려 화를 더 부추기게 되는 것이다.

그렇기 때문에 이런 경우에 남자는 이렇게 대화를 이끌어 가야 한다.

영철 : 얘기해봐 왜 화가 나 있는데?

소희 : 몰라두 돼…

영철 : 네가 얘기를 안 하면 내가 어떻게 알아? 그렇지 말고 대화를 하자.

소희 : 오빠는 내가 왜 화났는지 몰라? 왜 그렇게 눈치가 없어?

영철 : 응? 네가 얘기를 안 하는데 내가 어떻게 알아?

소희 : 휴우…

영철 : 자, 말을 해봐, 그래야 내가 어떤 부분을 고칠 지 그리고 다음엔 어떤 것을 조심해야 할 지 알지.

소희 : 오빠가 지나가면서 다른 여자를 쳐다봤잖아.

영철 : 그건. 정말 말 그대로 사람이어서 쳐다 본거야. 남자건 여자건 그냥 쳐다보는 거지.

네가 싫다면 이젠 여자는 소희 말고는 소 닭 보듯이 할게.

여기서 남자는 여자 친구가 왜 화가 나있는지 인내심을 가지고 얘기를 했다.

그러한 과정에 있어서 여자도 마음을 열 수가 있었다. 중요한 것은 여자의 맘을 열려면 결과나 논리로만 얘기하는 것이 아니라, 부드럽고 따뜻하게 얘기를 하는 것이 중요하다.

여자가 와인을 좋아하고 분위기 있는 카페를 좋아하는 이유는 바로 과정을 중요시 여기고 감정을 잘 느끼는 특성에서 비롯된 것이다.

그렇기 때문에, 여자 친구와 얘기를 할 때 화를 내거나 성급하게 자신이 원하는 것만을 들으려 하거나, 아님 결과만을 추구하려는 태도는 절대로 바람직하지 않다.

인내심을 가지고 공감을 하도록 한다면, 충분히 사랑이 넘쳐흐를 수 있다.

7

화가 난 남자 친구를 식히는 대화법

남자는 여자와 달리 결과 지향적이고 이성과 논리를 중요시한다.

미선 : 오빠 왜 화났는데?

철호 : 아냐…

미선 : 얘기해봐. 그래야 알지.

철호 : 담에 얘기하자.

미선 : 정말 이럴 거야?

철호 : 왜 너는 네 생각 만해? 이게 몇 번째야?
내가 맨날 널 기다려야 해?

미선 : 사정이 있었어.

철호 : 사정? 그럼 나는 사정이 없어서 맨날 너보다 일찍 와서 기다리는 줄 알아?

미선 : 왜 나한테 화를 내?

철호 : 화를 낼만하니까 화를 내지.

미선 : 나중에 결혼하면 날 때리겠다.

여자는 남자친구의 화를 내는 모습에 기분이 상한다.

하지만 얘기를 들어보면 분명 여자가 잘못을 했는데, 여자는 잘못을 인정하지 않고 남자가 화를 낸 것에 대해서만 서운해 한다.

남자가 화가 나 있을 때는 그 부분에 대해서 공감을 하고 인정을 하는 것이 중요하다.

남자는 그러한 부분이 풀려야 넘어갈 수 있다. 그러한 차이를 안다면 조금 더 남자의 마음을 이해할 수가 있게 되는 것이다.

그렇기 때문에 이렇게 대화를 하는 것이 좋다.

미선 : 오빠 왜 화났는데?

철호 : 아냐…

미선 : 얘기해봐. 그래야 알지.

철호 : 담에 얘기하자.

미선 : 오빠가 지금 기분이 안 좋은 것 같으니까,
그럼 오빠 기분이 풀리면 그때 얘기해.
암튼 오빠 기분 상하게 해서 미안해.

또는 이런 방법도 있다.

미선 : 오빠 왜 화났는데?

철호 : 아냐…

미선 : 얘기해봐. 그래야 알지.

철호 : 담에 얘기하자.

미선 : 난 오빠랑 지금 얘기해서 풀고 싶어.
내가 잘못한 부분이 있으면 고칠게.

철호 : 왜 너는 네 생각 만해? 이게 몇 번째야?
내가 맨날 널 기다려야 해?

미선 : 그 부분은 정말 미안해. 오빠한테 예쁘게 보이려고 화장을 한다는 게 늘 오빨 기다리게 하네. 앞으로는 미리미리 준비할게. 그니까 화 풀어.

철호 : 휴우… 암튼 나도 화내서 미안한데, 너무 자주 그러니까 그렇지…

미선 : 알았어. 미안해. 대신 오늘 내가 살게.

지금처럼 여자가 남자에게 결과적으로 수긍을 하고 이해를 하려 한다면 충분히 풀릴 수 있다.

애인사이가 더 돈독해지려면 남녀의 차이에 대한 부분을 인식하고 인정하고 이해하는 것이 남녀 간의 갈등을 해소하는 지름길임을 인지하는 것이 중요하다.

8

이렇게 하면 사랑이 깊어진다

연인 사이의 과정은 대부분 다음과 같이 이루어진다.

1. 만남
2. 남자가 여자에게 호감을 느낌
3. 남자가 여자에게 엄청나게 잘 해줌
4. 여자는 지켜보다가 연인관계를 승낙함
5. 남자는 여자에게 실증을 느낌

6. 여자는 남자에게 상처를 받고 헤어질 준비를 함.
7. 이별
8. 남자는 자신의 잘못을 깨닫고 매달림
9. 여자는 마음의 문을 닫음
10. 다시 다른 여자에게 호감을 느낌

물론 모든 연인이 다음과 같은 과정을 가지지는 않는다. 또한, 모든 이별이 남자의 책임도 아니지만, 왜 서로 마음이 식는지를 인식하는 것은 매우 중요한 부분이라 생각한다.

첫째, 왜 처음엔 하늘에 있는 별도 다 따다 줄 것 같은 남자의 마음이 식는 걸까?

전적으로 남자만의 잘못일까?

물론, 마음이 변한 남자의 잘못도 크지만, 마음이 변하게 원인제공을 한 여자의 잘못도 크다.

즉, 남녀의 차이에 대한 부분을 잘 이해해 주고, 자기 생각과 의견만을 고집하지 않고 서로를 위해 정말 많은 노력을 했다면 변하지 않을 가능성이 높다는 것이다.

애초에 나와 같은 사람은 없다. 가족도 이해하지 못하는데, 수십 년씩이나 서로 다른 환경에서 자란 사람과 어찌 같음을 요구할 수 있는가?

그것 자체가 모순이다. 우선은 서로 다름을 인정하고 차이를 이해해야 한다. 그 차이를 인정하고 나서 이해와 노력이 필요하다. 여기서의 이해와 노력은 상대방을 존중하고 배려하는 마음에서 출발해야 한다.

연인 사이에 사랑이 깊어지려면 정말 많은 노력이 필요하다.

남자는 끊임없이 여자의 말과 행동에 관심과 공감을 해줘야 한다. 여자는 마치 꽃과 같아서 물은 너무 많이 주면 시들고 물을 안 주게 되면 말라 죽게 됩니다. 그 적정선을 유지 하는 것이 중요하다.

또한, 남자는 여자가 자신의 팬이 되어 주길 바란다는 것을 잊지 말고, 끊임없이 남자를 칭찬해주고, 지혜롭게 행동을 한다면 사랑의 끈은 더욱 튼튼해진다는 것을 염두에 두어야 한다.

처음에 남녀 간의 만남은 인연일 수 있지만, 그 인연이 운명으로 이어지려면 끝없는 서로에 대한 차이에 대한 이해와 서로를 이해하려는 노력이 반드시 수반되어야 한다.

그렇지 못하기 때문에 지금 이 순간에도 이별을 경험하는 수많은 커플들이 존재하는 것이다.

나보다 그 사람의 입장에서, 그리고 내가 간지러운 곳을 긁지 않고, 그 사람이 간지러운 곳을 정확히 긁어주는 섬세한 노력이야말로 깊은 사람의 원동력이라 할 수 있다.

part 5.
친구 사이의 대화법

1
친구란 무엇인가?

동수 : 상택이한테 와 그라노?

준석 : 뭐가?

동수 : 상택이한테 뭐 땜에 그라노?

준석 : 친구 아이가…

- 영화 '친구' 중에서 -

친구란 무엇일까? 모든 걸 이해해 주고 받아주는? 그런 걸까? 그것은 굉장히 위험한 생각이다. 우리는 친구라는 이유로 서운해 하고 오해하고 먼저 연락하기를 바라고 더 해주기를 바란다. 친구라는 '기대치'가 있기 때문에 더 많이 서운해 한다.

'역지사지'라는 말은 친구 관계에서 아주 중요하다. 친구가 먼저 다가오기 전에, 친구가 더 많이 베풀기 전에 내가 먼저 다가가고 내가 먼저 더 해줘야 한다.

당신이 친구라고 생각하는 사람은 애초부터 없었다. 잘 생각해 보라. 친구는 가족이 아니다. 즉, 태생적으로 만든 것이 아니라, 뜻이 맞는 사람끼리 또는 동고동락을 형성했던 집단에서 탄한다.

따라서 기대를 만들 필요도 없고 친구가 있음에 나와 그러한 관계가 되었음에 감사를 해야 한다. 그럼 그 관계는 매우 오래갈 수박에 없다. 잘 생각해 보면 우리가 친구와 다투는 이유, 그리고 오해하는 이유, 소원해지는 이유는 모두 '기대치' 때문이다.

기대치를 낮춰라. 그리고 먼저 다가가고 먼저 베풀어라.

그럼 당신은 인생에 있어서 가장 값진 것을 얻게 될 것이다.

인생을 살면서 진정한 친구 한 명을 만드는 것이 쉬울 것 같지만, 실제로 그렇지 않다.

처음에 "평생 가자", "의리!"를 외치지만, 30대 40대 50대를 거치고 나서 생각해보면 실제로 진정한 친구 한 명도 없는 경우가 의외로 많다.

이유는 친구를 만드는 것은 쉬었는데 진정한 친구관계를 유지하는 것이 어려웠기 때문이다.

그런데 생각해 보라.

당신이 정말 외롭고 쓸쓸할 때 그 옆에 당신을 지켜 줄 가족이 있으면 다행이지만, 친구는 가족이 할 수 없는 편안함을 제공해 준다.

당신이 힘들고 지칠 때, 무언가 탁 터놓고 얘기하고 싶을 때, 속 깊은 얘기를 하고 싶을 때 그 때 당신의 얘기를 진심으로 경청해 주는 친구가 한 명이라도 있다면 당신은 괜찮은 인생을 산 것이다.

지금 한 번 돌이켜보라. 나의 치부까지도 털어 놓을 수 있는 친구가 나에게 있는 지를 말이다.

만약 그러한 친구가 있다면 그 무엇보다 바꿀 수 없는 보물이기에 진심으로 잘 대해 주어야 한다.

잘 대해준다는 것은 물질적인 것만을 얘기하는 것이 아니다. 상대방을 편하게 대하려는 노력과 이해하려는 실행이 진정한 노력이다.

'그 친구가 어떻게 하면 편할까?'를 고민해 보아라.

가령, 친구가 힘든 일이 있을 때는 얘기를 듣고만 있어도 그 친구의 마음이 편안해 진다.

또한 친구가 기분 좋은 일이 있을 때 노래방에 간다면 같이 신나게 놀아주는 것이 친구를 편하게 해 주는 것이다.

절대 자신의 입장에서 친구를 기쁘게 하지마라.

자신이 긁고 싶은 대로 긁는 것과 정말 가려운 곳을 찾아 긁어 주는 것은 하늘과 땅 차이이다. 자신의 취향대로 긁고 싶은 곳을 긁으면서

'나는 할 만큼 했다.'라고 상상을 하는 것만큼 어리석은 생각은 없다.

진정으로 친구를 만들고 싶으면, 그 친구를 편하게 하는 노력을 기울이고 그 노력은 일회성에 그치는 것이 아니라, 그 친구와 소통할 때마다 지속되어야 한다.

왜냐하면 친구 관계는 인생에서 어떤 것도 대신할 수 없는 따스한 인간관계이기 때문이다.

또한 진정한 친구는 당신이 지치고 힘들 때도 곁에 있어 줄 수 있는 소중한 사람이기 때문이다.

2

가까울수록 예의를 지켜라

(친구 동호가 진철에게 전화를 건다)

동호 : 오늘 시간 되냐?

진철 : 아직 잘 모르겠는데…

동호 : 요새 왜 이렇게 바쁜 척해?

진철 : 바쁜 척이 아니라 갑자기 일이 많아져서 그래…

동호 : 잘나간다더니 친구도 안보이냐?

진철 : 무슨 말을 그렇게 하냐? 농담이라도… 진짜 일이 많아져서 그렇다니까.

동호 : 됐다. 새꺄. 그런 식으로 하지 마 임마.

진철 : 말이 좀 심하다.

'가까운 사이일수록 예의를 가져라' 라는 말이 있다.

친한 친구일수록 또는 가까운 관계일수록 오히려 더 말을 막하는 경우가 많다. 마치 막말을 해야 더 친한 것처럼 위시하는 또는 '친구니까 다 받아주겠지?' 하는 위험한 생각이 문제가 된다.

(다시 친구 동호가 진철에게 전화를 건다)

동호 : 오늘 시간 되냐?

진철 : 어 오랜만이다. 동호야. 오늘? 오늘은 선약이 있고 내일은 어때?

동호 : 내일? 내일은 내가 선약이 있는데… 그럼 우리 다음 주 수요일 날 볼까?

진철 : 다음 주 수요일 좋지. 가을인데 우리 전어나 먹으면서

동호 : 그거 좋겠다. 가을엔 전어지… 집나간 며느리도 돌아온다는 전어 좋지.

진철 : 오케이, 그럼 내가 너희 동네로 갈게.

동호 : 아냐. 거리도 먼데 이번엔 내가 갈게.

진철 : 그럼 중간에서 보자. 수요일 날 우리 오랜만에 즐거운 시간 보내자.

친구는 말 그대로 '친한 관계'를 말하는 것이다. 그렇기 때문에 친구라는 이유로 함부로 대하거나 해서는 안 된다. 왜냐하면 상대방 역시 나에게 기대치를 갖기 때문에 친구관계를 오래 유지하고 싶으면 예의와 배려를 지키는 것이 중요하다.

탈무드에 '친한 친구일수록 너무 가까이하지 말라'는 바로 이러한 경우를 두고 하는 말이다.

3

금이 간 우정을 다시 회복하는 대화법

친구라고 해서 그래서 '이 정도의 말과 행동을 해도 괜찮겠지.'라고 해서 또는 '친군데 다 이해하겠지.'라는 생각으로 함부로 표현했던 말과 행동으로 우정에 금이 간 경우가 살면서 한두 번 이상은 있을 것이다.

친구관계는 신뢰다. 그리고 신뢰는 쌓는 것도 어렵지만 한 번 신뢰가 금이 가면 유리와 같아서 다시 붙기가 쉽지가 않다.

만약 신뢰가 두터웠던 친구와 금이 가서 마음이 아프다면 또는, 다시 예전처럼 돌아가고 싶다면 일단 해야 할 일은 과거를 잊는 것이다. 즉, 다시 시작하는 마음으로 출발해야 한다. 연인이나 친구사이에 가장 어리석은 생각은 '내가 이런 사람인데… 왜 내가?'라고 생각하는 '자존심'이다. 그런 자존심은 개나 줘야 할 것이다. 누구나 혼자 살수는 없다. 그리고 인생에서 연인과 더불어 친구역시 아주 중요하면서 소중한 인간관계다. 그런 소중한 관계에서 자존심이 뭐가 중요한가?

우정에 금이 갔다면, 그건 이미 과거의 일이기 때문에 돌이킬 수도 없고 다시 생각해 봤자 의미가 없다.

처음, 친구를 만난 것처럼 행하라. 우리가 처음에 누군가를 만나고 '저 사람이랑 친구가 되고 싶다.'라는 마음이 들 때는 무언가 호감을 느끼고 친해지고 싶어서다. 그렇기 때문에 그 마음을 얻으려 또는 지속시키고 싶어 하기 때문에 잘해준다. 하지만, 그 처음의 감정은 시간이 갈수록 나태해지고 초심은 점점 멀어지게 된다.

그리고 그런 나태함은 오해와 거친 말과 행동을 낳고 소원함을 남겨준다. 그렇기 때문에 처음처럼 해야 한다. 처음에 친절하게 행했던 마음, 세심하게 챙겨줬던 마음으로 돌아가서 하나하나씩 실행한다면 다시 관계를 회복할 수 있다.

관계 회복이 어려운 이유는 '자존심'과 '과거'에 대한 집착 때문이다.

그 두 가지를 버리고 조심스레 행동을 옮긴다면 물론 오래 걸릴 수도 있겠지만 관계는 다시 회복될 수밖에 없다.

또한 행동을 이끄는 마음은 '진심'이어야 한다. 진심만이 사람을 움직일 수 있고, 감동을 줄 수가 있음을 명심하라.

수진 : 하는 일은 잘 돼?

미선 : 그냥 요새 취업 때문에 정신없어.

수진 : 너 아직도 삐져 있는 거야?

미선 : 뭐가? 아니야…

수진 : 솔직히 나도 너한테 좀 서운했어.

미선 : 그 얘긴 좀 나중에 하자.

수진 : 왜? 또 내 얘기 막는 거야?

미선 : 뭘 얘기를 막아? 그냥 지금은 그 얘기 하지 말자는 건데.

Tip

예전에 좋았다고 해서 지금도 그 관계를 생각해서는 안 된다. 절대로 과거 일은 얘기하지 않는 것이 좋다. 다시 반복적인 다툼이 되풀이 될 수 있다. 하나하나씩 풀어가려는 노력을 해야 한다. 아주 쉽고 편한 대화부터 말이다.

수진 : 하는 일은 잘 돼?

미선 : 그냥 요새 취업 때문에 정신없어.

수진 : 하긴 요새 기업에서 인원을 더 안 뽑는다고 하더라.

미선 : 너는? 미술 전시회 요새 계속해?

수진 : 어 나도 요새 잠깐 집안 일 도와주느라 쉬고 있어.

미선 : 그렇구나. 암튼 잘 됐으면 좋겠다.

수진 : 이번 주에 떡볶이 먹으러 갈래? 너 떡볶이 좋아하잖아.

미선 : 그럴까?

4
친구 관계를 돈독히 하는 대화법

친구라는 관계는 형성되었을 때보다 만들어가는 것이 중요하다. 어떤 친구들을 보면 몇 개월에 한 번, 일 년에 한 번 연락을 하는 경우가 있다. 그러면서 '무소식이 희소식이다' '친군데 뭐…'라는 식의 안일한 생각을 하는 경우도 많다.

성호 : 오랜만이다.

진우 : 어, 오랜만이네.

성호 : 뭐하냐?

진우 : 그냥 뭐 그렇게 살지 너는?

성호 : 나도 뭐. 연락 좀 하자.

진우 : 그래 너두 좀 연락 좀 해.

성호 : 그래 또 연락할게.

남자 중에는 이런 대화가 많다. 위의 대화는 관계를 돈독히 하는 대화이기보다는 자신의 입장만을 얘기하는 공허한 교류일 뿐이다. 우정은 생기는 것보다 만들어 가는 것이 더 어렵다. 인간관계라는 것이 꽃에 물을 끊임없이 줘야 풍성한 열매를 맺을 수 있는 것처럼 관계역시 지속적인 관심을 먹고 자라기 때문이다.

Tip

친구사이에 자존심을 내거는 것은 정말 어리석은 짓이다. 우정을 지켜나갈 때는 자신이 먼저 인정할 것은 인정하고 사과할 것은 사과하는 습관이 중요하다. 한 마디 말을 하더라도 먼저 다가가려는 사소한 노력이 친구의 마음을 녹일 수 있고 돈돈해 지는 계기가 될 수 있다.

성호 : 오랜만이다.

진우 : 어, 오랜만이네.

성호 : 뭐하고 지냈어?

진우 : 그냥 뭐 그렇게 살지 너는?

성호 : 미안해. 괜히 바쁘다고 내가 연락을 소홀히 했네.

진우 : 미안하긴, 나도 마찬가지지 모.

성호 : 우리 이번 주에 소주나 한잔 할까?

진우 : 좋지.

이번에는 여자 친구들 사이에 대화를 엿들어 보자.

소희 : 내일 뭐해? 영화나 볼까?

지수 : 그래. 어디서 보지?

소희 : 우리 집 쪽으로 와. 이 근처에서 보자.

지수 : 아, 거기 먼데. 네가 이쪽으로 오면 안 돼?

소희 : 넌 왜 나한테 양보를 안 해? 지난번에도 내가 갔잖아.

지수 : 너 그런 거 갖고 생색이냐?

소희 : 무슨 생색? 너 말을 왜 그딴 식으로 해?

지수 : 그딴 식이라니? 너 예전에도 그러지 않았어? 하긴 뭐…

소희 : 뭐?

지수 : 아냐…

Tip

자신의 주장만 내세우는 것은 우정을 갉아먹는 짓이다. 세상에 테이크 앤 기브는 없다. 먼저 친구를 위해 무엇인가를 하려하고 노력하는 모습에 상대방도 마음을 열게 되고 더 잘해주려는 계기를 만들게 된다.

이렇게 대화를 하는 것도 하나의 방법일 것이다.

소희 : 내일 뭐해? 영화나 볼까?

지수 : 그래. 어디서 보지?

소희 : 우리 집 쪽으로 와. 이 근처에서 보자.

지수 : 난 상관없긴 한데, 내가 2시에 영등포에 갈 일이 있어서…

소희 : 아 그래? 그럼 내가 그리로 갈까?

지수 : 아냐 거기선 너무 멀어. 홍대 쪽에서 보는 건 어때? 내가 맛난 거 사줄게.

소희 : 홍대 좋지. 그럼 거기서 보자.

친구한테 기대치가 높을수록 실망도 커지고 갈등도 깊어질 수밖에 없다. 정말 친한 친구일수록 더 아껴주고 배려해 줘야 한다. 그래야 그 관계는 더 깊어진다.

마치 친구관계는 와인을 제조하는 것과 같다. 오랫동안 정성을 기울여 온도를 체크하고 숙성을 해야 와인 맛이 깊어지듯이 친구관계 역시 배려와 애정으로 지속적인 관심을 기울여야 한다.

part 6.
직장에서의 대화법

1
왜 불만인가?

1. 분노조절 장애가 있는 히스테리 김 부장
2. 언어감각을 상실한 무뚝뚝한 이 과장
3. 지 생각만 하는 이기적인 유 과장
4. 밥 먹는 것 밖에 할 줄 모르는 무능한 정 대리

최근에 조사한 리서치에 의하면 직장 내에서 80% 정도의 직장인들이 회사에 불만이 있고, 그 중 60%에 해당하는 사항이 바로 인간관계에서의 불만이다.

그만큼 직장 내에서 소통이 원활히 되고 있지 않다는 점은 시사하는 바가 크다.

대체 우리는 상사나 동료 그리고 부하직원에 대해 왜 불만을 갖는 것일까?

직장에서의 불만은 다양하다. 상사의 불만, 아랫사람의 불만, 잦은 회식, 과도한 야근, 근무환경 등 다양한 부분에서 불만은 존재한다.

하지만 그러한 부분에서 커뮤니케이션과 소통이 이루어지지 않기 때문에, 점점 그 불만은 커져갈 수밖에 없다.

경청이라는 것은 그 사람의 입장에서 상대방의 마음을 헤아리려는 노력인데, 자기 입장에서 이해하고 들으려 하기 때문에 소통이 안 되는 것이다. 직장에서도 소통의 부재와 자기입장에서의 소통으로 인해 다양한 불만이 생기는 것이다.

소통이라는 쌍방향인데 상사는 상사 나름대로 부하직원은 부하 나름대로 자기 입장에서의 생각과 행동으로 인해 어색해지고 소통이 불통되는 불상사가 벌어지는 것이다.

현재를 살고 있는 한국의 회사원들을 보라.

늘 찌푸려져 있는 인상과 미간, 웃음기 하나 없는 표정, 의무적인 걸음걸이. 행복과는 거리가 멀어 보이는 듯한 태도이다.

그렇기 때문에 그들이 갖고 있는 불만이 어떤 것이고, 어떻게 해결할 수 있는 지에 대한 해답을 찾는 것은 매우 중요한 부분이다.

2
상사의 불만

○○사에 다니는 송 부장은 평소 김 과장의 태도에 불만을 가지고 있다. 빠릿빠릿한 부하를 맞이하기를 바랐는데, 다람쥐처럼 민첩하기는커녕, 나무늘보처럼 굼뜬 부하 직원이 떡하니 과장으로 있어서이다.

그래서 매일같이 김 과장을 쪼고 있지만, 김 과장은 늘 세월아 네월아 하고 있다. 그래서 도저히 참지 못한 송 부장은 김 과장을 불렀다.

송 부장 : 이봐, 김 과장! 내가 A 프로젝트를 보고하라고 한 게 도대체 언제야?
대체 언제 할 거야?

김 과장 : 네 송 부장님. 죄송합니다. 곧 하겠습니다.

송 부장 : 곧? 곧 이라고? 언제? 내가 죽은
다음에 영구차 올 때쯤?
아니면 지구온난화가 일어나서
빙하기 올 때쯤?
대체 왜 이렇게 굼떠?

김 과장 : 저도 최선을 다하는데 그게 일이 많아서요.

송 부장 : 아주 일복이 터져서 좋겠구먼. 자네만 일이 많아?
난 일이 없어서 놀아?

김 과장 : 그게 아니라…

다음은 김 과장과 유 대리의 대화이다.

김 과장 : 유 대리. 내가 해 오라는 거 했어?

유 대리 : 네. 해 왔습니다.

김 과장 : 가지고 와봐.

유 대리 : 여기 있습니다.

김 과장 : 봐봐, 여기가 유치원이야? 내가 프레젠테이션은 이렇게
하지 말라고 했잖아.

유 대리 : 죄송합니다. 제가 이런 걸 해 본 지 얼마 되지 않아서요.

김 과장 : 다시 해와!

(얼마 후…)

김 과장 : 조금 전에도 내가 대목 대목을 가지고 얘기했잖아.
여기 봐! 여기는 또 온갖 사자성어를 다 갖다 붙여놨네.
좌불안석 노심초사? 참내…
한문학원 차렸어?

유 대리 : 그게 아니라, 한문을 사용하라고 해서요.

김 과장 : 바보야? 모자란 거야? 뇌가 없는 거야?

유 대리 : 있을 건 다 있습니다.

김 과장 : 휴우…

상사는 부하의 느릿느릿하며 무능한 모습에 화가 난다. 그들도 올챙이 시절이 있었지만, 사실 개구리가 되면 올챙이 시절은 까맣게 잊어버린다. 군대에서도 이등병 때는 '내가 병장이 되면 정말 잘해줘야지.'라고 생각하지만, 막상 병장이 되면 자신이 당한 걸 그대로 돌려주는 악순환의 고리가 이어지는 것을 볼 수 있다.

3
부하 직원의 불만

대리 3년 차 이 철준 씨는 오늘도 짜증이 난다. 매번 출근하는 길이지만, 생긴 건 꼭 쏘가리같이 입이 툭 튀어나와 있고 잘하는 거라곤 벌새처럼 쉬지 않은 잔소리뿐인 정과장이 너무 싫어 진저리가 칠 정도이다.

처음부터 그런 건 아니었다. 처음에는 이 대리를 잘 챙겨주었습니다. 오랜만에 후임이 들어와서인지 마치 자기 친동생처럼 보살펴주고 하나하나 얘기해 주곤 했다. 그런데 그렇게 자상했던 정과장이 지금은 정말 저승사자처럼 음습하고 꼴도 보기 싫은 존재가 되어 버렸다.

며칠 전에도 정 과장이 이 대리를 불러 세웠다.

정 과장 : 이 대리? 자네 그 옷이 그게 뭐야.
촌스럽게…

이 대리 : (그러는 자기는 거울도 안보나?)
아… 네 아마 조금 유행이 지나서
그럴 거예요.

정 과장 : 그럼 새로운 옷 한 벌 사. 월급
타서 모해? 가뜩이나 칙칙한데
옷까지 칙칙 해서야…

이 대리 : (네 얼굴로 사느니 그냥 이대로 살련다.) 아, 네…
알겠습니다. 요새 제가 좀 쪼들려서요.

정 과장 : 허이구, 어느 세월에 돈을 벌어? 암튼… 걱정된다.
걱정돼.

이 대리 : (너나 잘하세요) 네…

부하 직원은 사실 상사가 자신을 존중하지 않고 하대하거나 인격적인 무시를 하는 것이 기분이 나쁘다. 똑같은 인격체로서 회사에 먼저 들어왔다는 이유로 함부로 대하는 것을 좋아하는 사람은 없다.

물론 상사는 부하 직원보다 경험도 많고 다양한 업무에 대한 노하우를 많이 알고 있다.

하지만 그런 것으로 인해서 아랫사람을 업신여기거나 무시하는 것은 소통의 부재를 나을 수밖에 없다.

유 진희 : 안녕하세요. 과장님

박 과장 : 진희 씨, 이번에 새로운 업무진행은 잘 되가?

유 진희 : 네, 그냥 최선을 다하고 있습니다.

박 과장 : 최선을 다하는 게 중요한 게 아니고, 잘하는 것이 중요해.

유 진희 : 네 잘 알겠습니다.

박 과장 : 말로만 '잘 알겠습니다.' 라고 하지 말고 좀 제대로 해.

유 진희 : 네 말씀하신대로 하려고 노력하고 있습니다.

박 과장 : 암튼 잘해. 그냥 돈 주는 거 아니니.

유 진희 : …

같은 말이라도 '아' 다르고 '어' 다른데 어떻게 말하느냐에 따라서 감정과 느낌도 달라진다. 그런데 희한하게도 상사는 부하직원이 맘에 안 드나 보다. 원래 운전자와 보행자의 느낌처럼 서로의 입장이 다를 수밖에 없다.

하지만, 소통이 이뤄지려면, 상대방의 입장에서 한 번 더 생각하는 것이 중요하다.

상사와 부하 역시 사람과의 관계인데, 먼저 그 사람의 입장에서 생각하고 말과 행동을 한다면 당연히 마찰도 줄어들고 조금 더 원활한 소통이 이루어질 수밖에 없다.

4 적절한 질책

과, 유, 불, 급

지나친 것은 부족한 것만 못하다. 음식도 적당히 먹으면 포만감을 느끼지만 그 이상을 먹게 되면 불쾌감을 느끼게 되고, 놀이기구도 적당히 타면 스릴을 느끼지만, 많이 타게 되면 메스꺼움을 느끼게 되는 바로 그 과, 유, 불, 급

특히 직장 상사들에게는 꼭 필요한 덕목이 아닐 수 없다.

사람이라는 동물은 모든 동물 중에 가장 간사한 동물이라서 착하게 대하면 그것을 당연시 여기고 더 하고 싶은 대로 하려고 한다.

또한 대우를 잘 해주면 그것이 익숙해져서 더 많은 것을 요구하게 되고 관리를 소홀히 하면 방치하게 되는 습성을 갖고 있다.

그래서 적절한 질책이야말로 직장상사 들에게는 아래 직원에게 꼭 필요한 부분이라 할 수 있다.

오늘도 정 과장은 김 대리의 태도가 맘에 안 든다. 어제 분명히 늦지 말라고 했는데 오늘도 또 지각을 하고 말았다.

그래서 정 과장이 한 마디 한다.

정 과장 : 어이구 또 늦었네. 여기가 김 대리 안방인가보지?

김 대리 : 죄송합니다. 오다가 좀 차가 막혀서요.

정 과장 : 그럼 일찍 나오던가! 자네는 시간개념이 없는 것 같아.

김 대리 : 죄송합니다.

정 과장 : 죄송하면 사회생활 끝나?

김 대리 : 아니요.

정 과장 : 하여튼 대답은 잘해요.

그렇다면 적절한 질책이란 어떤 것일까?

정 과장 : 오늘 늦었네. 무슨 일 있었어?

김 대리 : 죄송합니다. 오다가 좀 차가 막혀서요.

정 과장 : 그건 핑계에 불과해. 물론 차가 막힐 수도 있지만, 약속이란 게 얼마나 중요한지 잘 알고 있지 않아?

김 대리 : 죄송합니다.

정 과장 : 김대리가 일도 잘하고 힘든 거 알아. 하지만, 조금 더 분발하면 참 좋을 것 같아서 그런 거야.

김 대리 : 네 잘 알겠습니다.

5

칭찬의 효과

'칭찬은 고래도 춤추게 한다.'는 말이 있듯이 칭찬의 효과는 실로 위대하다.

그런데 희한하게도 직장에서는 이런 말이 무용지물이다.

만년 대리 김 대리는 오늘도 송 부장 생각에 눈앞이 캄캄하다. 오늘도 어김없이 출근하자마자 질책을 듣는다.

송 차장 : 자네 지난번에 제출한 기획안 있지? 다시 생각해 봤어?

김 대리 : 아, 네… 제 생각에는 판매량을 늘리려면 A사와 B사와 접촉을 하는 것이…

송 차장 : 누가 몰라? 내가 바보야? 그 아이디어는 길가는 우리 동네 바보도 알겠다.

김 대리 : 아, 네… 근데 저는 그게 제가 할 수 있는 최선의 방법이라고 생각…

송 차장 : 자네 생각이 그렇게 없어? 머리가 모가 들었어? 생각은 하고 살아?
밥 먹을 생각밖에 안하지?

김 대리 : 다른 생각도 많이 하고 삽니다.

송 차장 : 어쭈… 지금 개기는 거야? 잘하면 한 대 치겠네.

송 차장의 질책과 핀잔은 날이 갈수록 심해지는 것 같다. 어떤 아이디어를 내도 어떤 기획안을 내도 돌아오는 건 '무뇌충' 같다느니 '인생이 한심하다느니'라는 온갖 타박과 면박…

사실 김 대리가 늘 잘못한 것만도 아니다. 그리고 회사를 위해 여러 가지로 노력한 것도 사실이다. 다만 김 대리는 늘 타박만하는 송 차장이 서운하다 못해 야속하다는 생각이 든다.

조금만 칭찬을 해줬더라면 이렇게까지 의기소침하거나 우울감을 느끼지는 않았을 텐데 하는 생각이 든다.

그에 반면 황 이사님은 직원들에게 늘 반가운 얼굴로 인사를 건넨다. 그리고 자그마하면서도 세심한 칭찬을 곁들인다.

황 이사 : 김 대리, 오랜만이네. 이번에 머리스타일이 바뀌었네. 훨씬 세련되어 보여.

김 대리 : 아, 네. 감사합니다. 이사님도 점점 젊어지시는 것 같아요.

황 이사 : 이번 기획안 좋던데. 굉장히 창의적이야.

이 과장 : 감사합니다. 다 이사님의 조언 덕분입니다.

황 이사 : 정 과장, 이번에 둘째 가지셨다면서. 둘째도 정과장 닮았으면 연예인 시켜야겠네.

정 과장 : 너무 감사합니다. 이사님.

황 이사 : 브로치 어디서 샀어? 오늘 옷이랑 너무 잘 어울려. 센스 있네.

송 대리 : 어머, 이사님 센스 있으시네요.

오늘 이사님이 직원들을 만나서 한 얘기들이다.

칭찬은 사람을 기분 좋게 만드는 마력이 있다. 그리고 가급적이면 진심을 담아 하는 것이 좋다. 영혼이 없는 칭찬은 마음을 움직일 수 없기 때문에 상대방에 대한 관심을 기울여서 구체적으로 하는 것이 훨씬 효율적이다. 그렇기 위해서는 평소에 직장 동료에 대한 관심이 중요하다.

어느 회사의 회의이다.

김 부장 : 자, 이번에 출시한 신제품에 대한 생각을 한 번 얘기해 보세요. 이 과장부터.

이 과장 : 네, 제 생각엔 지금 신제품을 출시한다는 것은 시기상조라고 생각합니다. 타사와 비교했을 때 경쟁력이 뒤떨어지기 때문에 매출 부분에 있어서 실적이 저조할 것은 불 보듯 뻔할 거라 생각됩니다.

김 부장 : 그런 얘기는 너무 뻔한 것 아닙니까? 누구나 생각을 하는 것 말구요. 이 과장은 왜 그리 생각이 없어요?

이 과장 : 아니, 그게 아니라, 저도 지금 몇 날 밤을 새워서 아이디어와 기획안을 낸 겁니다. 부장님

김 부장 : 아 정말, 말 귀를 못 알아듣네…

Tip

회의에서는 특히 경청과 칭찬이 중요하다. 이렇게 상대방의 의견을 주눅 들게 하는데 어느 누가 자신의 의견을 피력할 수 있겠는가? 상대방을 존중할 줄 알아야 나 역시 존중을 받을 수가 있는 것이다.

다음과 같은 회의도 하나의 좋은 방법일 것이다.

김 부장 : 자, 이번에 출시한 신제품에 대한 생각을 한 번 얘기해 보세요. 이 과장부터.

이 과장 : 네, 제 생각엔 지금 신제품을 출시한다는 것은 시기상조라고 생각합니다.
타사와 비교했을 때 경쟁력이 뒤떨어지기 때문에 매출 부분에 있어서 실적이 저조할 것은 불 보듯 뻔할 거라 생각됩니다.

김 부장 : 유 대리는 어떻게 생각해요?

유 대리 : 저는 반대의 생각을 갖고 있습니다. 지금 신제품에 대한 출시를 미룬다면, 오히려 이시기를 알 수 없을 만큼 소비자의 구매성향이 타사 쪽으로 기울 것입니다.
지금은 시기를 미루기 보단 맞불작전으로 먼저 10% 정도만 출시를 해보고 소비자의 성향 및 매출 실적에 대한 분석으로 나머지 부분을 보완하는 것이 더 중요하다고 생각합니다.

김 부장 : 음. 좋은 의견들이예요. 또 다른 의견 있으면 말씀해 주세요.

이 과장 : 유 대리의 의견도 일리가 있다고 생각합니다. 중요한

것은 지금 출시를 한다면, 어떤 전략으로 접근할 지를 분명히 하는 것이 중요하고, 시기를 미룬다면 어떻게 보완할 것인지, 또한 시기를 어떻게 맞출 것인지를 인지하는 것이 중요하다고 생각합니다.

전자와 후자는 경청과 칭찬이 얼마나 중요한 지를 여실히 보여준다. 칭찬은 상대방에게 용기를 북돋아서 더 많은 열정과 용기를 갖게 한다.

물론 회의나 보고에서는 정확함과 능력치가 중요하다는 것은 부인할 수가 없다. 기업이 있는 이유는 이윤을 추구하기 위함이다. 문제는 이윤추구의 결과만을 위해서 고통을 무작정으로 감수하는 것보다는 과정도 즐겁고 결과도 즐겁기 위해서는 반드시 소통이 필요하기 그 소통을 하기 위해서 칭찬이야말로 윤활유가 될 수 있다는 것이다.

6

이런 상사는 이렇게

직장에는 정말 다양한 수많은 유형의 상사가 있다.

그나마 상식이 통하는 상사가 몇 명이라도 있으면 다행이지만, '왜 우리 회사만 유독

이상하고 이기적이고 고집불통인 독설만 날리는 상사가 많을까?'라는 고민은 아래 직원이라면 한 번쯤은 해 봤을 것이다.

세상에는 정말 다양한 사람이 있고, 그 사람들은 나와는 다른 사람인데, 특히 업무스트레스로 경직된 직장은 그 다름이 더 커 보일 수가 있다.

만약 당신이 잠을 자려고 누웠는데 짜증나는 상사의 생각에 이불을 차고 싶은 충동을 느낀다면 상사스트레스에 시달리고 있는 것이다.

그래서 우리는 이런 상사를 어떻게 대처해야 하는가를 생각해 보아야 한다.

왜냐하면 직장인들의 가장 큰 스트레스는 업무가 아니라, 인간관계이기 때문이다. 먼저 나를 피곤하게 만드는 상사의 유형을 대화로 알아보자.

먼저 히스테리 상사의 유형이다.

김 부장 : 내가 말한 자료 준비해놨어?

유 대리 : 아 그게 아직…

김 부장 : 뭐? 아직 준비 안 됐다고?
뭐 하느라 아직도 안 했어?

유 대리 : 그게… 요새 제가 일이 많아서요.

김 부장 : 그럼 여기서 일 많지 않은 사람이 어딨어?
여기 놀러 와? 일하러 왔지?

유 대리 : 저, 그게 아니라…

김 부장 : 뭐가 아니야? 내가 몇 번을 얘기했어?

유 대리 : 휴우…

의외로 상사가 되면 될수록 히스테리를 부리는 사람들이 많다. 다양한 업무스트레스, 반복되는 일, 위에서의 압박 등으로 인해 진급을 할수록 히스테리 성향으로 변모하는 경우를 많이 볼 수가 있다.

이렇게 생각해보면 된다. 어차피 나랑 다른 사람이다. 굳이 그 사람을 바꿀 필요도 없고 바꿀 수도 없다.

그러면 답은 나와 있지 않은가? 그렇다. 내가 할 수 있는 노력을 하되, 그 이상의 기대감은 갖지 않는 것이다. 그래야 스트레스를 받지 않는다. 스트레스를 받는 이유는 그 사람과 대화와 소통이 안 되기 때문에 '제발 다른 곳으로 발령이 났으면' 또는 '나를 제발 괴롭히지 않았으면'이라는 생각을 하기 때문이다.

하지만, 그 사람은 절대 변하지 않는다. 내가 변해야 한다. 내가 잘 대처하는 수밖에 없다.

그럴 때는 이렇게 대답하는 것이 현명한 방법이다.

김 부장 : 내가 말한 자료 준비해놨어?

유 대리 : 오늘 저녁까지 드리겠습니다.

김 부장 : 오늘 저녁? 뭐 하느라 아직도 안 했어?

유 대리 : 죄송합니다. 김 부장님께서 어제 급하게 말씀하신 보고서를 만드느라 아직 자료를 만들지 못했습니다. 저녁까지 해 놓겠습니다.

김 부장 : 그래? 아무튼 오늘 저녁까지 해 놔.

유 대리 : 네, 바로 해 놓겠습니다.

김 부장 : 알았어, 나가봐.

유 대리 : 네, 알겠습니다.

Tip

히스테리 상사의 비위를 맞추는 것이 아니라, 거기에 맞는 소통을 하라는 것이다. 그 상사가 원하는 것은

1. 보고서를 했느냐?

2. 언제 하느냐이다.

그렇기 때문에 대답을 돌려할수록 고통스런 대화가 될 것이다. 거기에 맞는 핵심을 얘기하고 수정이나 시정사항이 있으면 바로 수긍하면 된다.

이번에는 독설과 지적을 퍼붓는 상사의 유형이다.

황 과장 : 이번에 머리스타일이 바뀌었네.

김 대리 : 아, 네.

황 과장 : 어디서 잘랐는데 쥐가 파먹은 거 같아?

이 과장 : 그냥 동네 미용실에서 잘랐어요.

황 이사 : 요새는 스타일도 곧 경쟁이라는 거 몰라? 좀 꾸며보고 투자 좀 해

정 과장 : 네.

Tip

독설하는 사람은 상대방의 당황한 모습에서 쾌감을 느끼거나 상대방이 자기보다 못하다는 느낌을 더 즐기는 경향이 있다. 그래서 그런 경우는 여유가 있지만 조금 강단 있게 받아치는 것이 좋다. 중요한 점은 상사의 비위를 건들지 않으면서 상사가 더 이상 독설을 할 수 없도록 센스 있게 받아치는 것이다.

그럴 때는 이렇게 소통하는 것이 좋다.

황 과장 : 이번에 머리스타일이 바뀌었네.

김 대리 : 아 네 헤어스타일을 좀 바꿔 봤어요.

황 과장 : 어디서 잘랐는데 쥐가 파먹은 거 같아?

이 과장 : 그래도 다행인 거 같은데요. 이 정도만 파먹어서.

황 이사 : 그래? 아무튼 뭐…

정 과장 : 담엔 다른 미용실 가야겠어요.

이 세상에 나랑 맞는 사람은 없다. 그리고 이상형의 상사는 존재하지 않는다. 나와 다름을 인정하고 거기에 맞는 소통을 하면 그만이다. 상사에게 기대치가 생길 때 실망으로 인해 스트레스도 생긴다.

우리가 직장생활에서 만약 '사람'이 힘들다면 그 사람을 바꾸려 하지 말고, 그 사람에 대한 나의 태도를 바꾸면 된다.

7
그런 부하는 그렇게

1. 일만 하면 고문관, 사고뭉치 정 사원
2. 지각을 밥 먹듯이 하는 유 대리
3. 밥 먹는 거 밖에 할 줄 모르는 무능한 김 대리
4. 눈치 0단의 송 대리

'희한하게 내가 일하는 곳만 맘에 안 드는 부하직원이 많은 것 같다.'라는 생각을 하게 될 것이다. 사고뭉치 사원, 지각 쟁이, 무능한 부하, 눈치 0단의 부하 등 말이다. 집에 오면서 그들의 짜증나는 모습이 생각난다면 당신 역시 직장스트레스에 시달리고 있는 것이다.

그렇다면 우리는 그런 부하에 대한 대처를 알아야 한다.

다음의 대화를 들어보자.

정 대리 : 이번에 야유회를 가려고 하는데, 어디를 가지?

김 사원 : 저도 그건 잘 모르겠는데요.

정 대리 : 양평을 가나? 제부도를 가야 하나?

김 사원 : 글쎄요. 그건 대리님이 정하셔야 할 것 같은데요?

정 대리 : 내가 몰라서 그래? 나도 김시은 씨 생각을 물어보는 거잖아?

김 사원 : 저도 안 가봐서요.

정 대리 : 김시은 씨는 말을 왜 그렇게 답답하게 해?

김 사원 : 네에? 제가 왜요?

Tip

눈치가 없는 부하의 유형이다. 이럴 때는 감정적으로 다그치는 것보다 방법을 유도하면서 부하의 생각을 끌어내는 것이 좋다. 눈치가 없을 때는 보다 정확히 얘기해 주는 것이 상대방이 이해하기 편하다.

정 대리 : 이번에 야유회를 가려고 하는데, 어디를 가지?

김 사원 : 저도 그건 잘 모르겠는데요.

정 대리 : 모른다고 하지 말고 한 번 구체적으로 생각해봐.

김 사원 : 양평 쪽은 주말이라 좀 막히지 않을까요?

정 대리 : 그런가? 제부도는 작년에 가서 좀 그렇고, 백운호수는 어때?

김 사원 : 거리도 가깝고 운치도 있고 괜찮을 거 같은데요?

정 대리 : 그거 괜찮겠네…

다음은 지각을 일삼는 부하의 유형이다.

정 과장 : 어이구 또 늦었네. 여기가 김 대리 안방인가 보지?

김 대리 : 죄송합니다. 오다가 좀 차가 막혀서요.

정 과장 : 그럼 일찍 나오던가! 자네는 시간개념이 없는 것 같아.

김 대리 : 죄송합니다.

정 과장 : 죄송하면 사회생활 끝나?

김 대리 : 아니요.

정 과장 : 하여튼 대답은 잘해요.

Tip

이럴 때는 직설적으로 어떤 것을 지적하는 것보다는 상대방이 알아들을 수 있도록 기분 나쁘지 않게 얘기해 주는 것이 중요하다. 또한 상대방의 입장을 공감하면서 잘못된 부분을 얘기해야 부하 직원 역시 자신의 잘못을 한 번 더 생각하고 깨달을 수가 있다. 감정적으로 얘기하면 상대방 역시 감정적으로 생각할 수밖에 없다.

정 과장 : 오늘 늦었네. 무슨 일 있었어?

김 대리 : 죄송합니다. 오다가 좀 차가 막혀서요.

정 과장 : 그건 핑계에 불과해. 물론 차가 막힐 수도 있지만, 약속이란 게 얼마나 중요한지 잘 알고 있지 않아?

김 대리 : 죄송합니다.

정 과장 : 김 대리가 일도 잘하고 힘든 거 알아. 하지만, 조금 더 분발하면 참 좋을 것 같아.

김 대리 : 네 잘 알겠습니다.

모든 부하 직원이 내 맘 같으면 참 좋겠지만, 이 세상에 내 맘 같은 부하 직원은 없다. 그냥 이렇게 생각하는 것이 좋다. '어차피 난 그들을 완벽히 이해할 수도 그들이 나를 완벽히 공감할 수도 없다. 다름을 인정하되, 합리적으로 의견을 조율하자.' 이렇게 말이다.

8
직장에서의 관계와 소통

직장생활은 재화와 용역 즉, 비즈니스의 관계이기 때문에 그 자체로 긴장과 스트레스를 수반한다.

그런데 굳이 직장에서의 인간관계와 소통까지 경직되는 것은 필요 이상의 스트레스의 남용이라고 생각한다.

비즈니스가 원활하려면 소통이 이뤄져야 한다. 물론 직장이기 때문에 필요한 위계질서와 일에 필요한 경직성은 수반되지만, 그것은 바로 긍정적인 에너지와 분위기 안에서 필요하다.

그래야 일을 하는 사람도 일을 시키는 사람도 즐거워질 수 있다.

경직된 분위기에서는 좋은 아이디어나 원활한 소통이 있을 리만무하다. 따라서 융통성이 가미된 위계질서가 중요하다. 그런 것을 조율하기 위한 시스템도 중요하지만, 그런 환경을 만드는 것이 더욱 중요한 것이다.

자신이 중요한 만큼, 남도 중요하다는 사실, 바로 역지사지의 사고방식 대화와 타협의 중요성을 인식하고 즐거운 분위기 속에서 일을 해야 정신건강에도 좋고 신체건강에도 좋을 것이다.

회식도 마찬가지이다.

회식은 말 그대로 즐거워야 하는데 마치 통과의례처럼 되어버린 회식. 그 이유는 바로 회식에 대한 이미지 때문이다. 회식은 다 같이 모여서 즐겁게 애로사항이라든지 또는 분위기 쇄신을 위한 단합의 이미지가 크다.

문제는 과유불급. 적당한 선에서 즐기면 되는데 2차, 3차, 4차로 이어지면 회식에 대한 부정적인 이미지가 쌓일 수밖에 없다.

또한, 회식자리에서 오고가는 대화는 매우 중요하다. 음담패설이 난무하거나 또는 다른 사람에 대한 비방과 음해가 주가 된다면 다음 회식은 부담스러울 수밖에 없다.

직장은 말 그대로 직원들의 업무를 계획하고 창출하는 곳이다. 스트레스와 경직된 분위기 속에서는 일 역시 괴로울 수밖에 없다.

이처럼 직장에서의 주된 스트레스는 업무보다 사람관계에서 온다는 것은 우리에게 시사를 하는 바가 크다.

히스테리, 고집불통, 이기적인 상사와 무능덩어리, 지각쟁이, 센스제로의 부하는 어쩌면 우리가 만들어 놓은 편견일 수도 있다.

우리가 그렇게 규정을 하면서 스트레스를 받기 때문에 문제가 될 수 있는 것이다. 즉, 애초에 나를 이해해주는 나와 같은 상사와 부하 직원은 없다고 생각하는 것이 낫다.

그들에게 변화를 강요하지 말고 내가 그들과 다름을 인정하려는 노력을 하는 것이 중요하다. 그들을 위해 애써 노력하지 마라. 다만 차이를 인정을 하려고 하라.

세상에 다양한 유형의 사람이 있는 만큼, 그들을 내 입맛에 바꾸려는 노력보다 사람의 유형에 맞게 대처하는 센스를 발휘하는 것이 진정한 인간관계의 시작이다.

상대방을 바꾸려는 노력이 아니라 서로의 다름을 인정하는 순간, 진정한 공감과 소통이 시작될 수 있다.

소통이 없는 사회, 배려가 없는 사회는 결코 행복할 수 없다. 북유럽 국가가 행복한 이유는 돈이 인간을 지배하는 사회가 아니라 인간이 돈을 지배하는 사회를 만들어서 일 것이다. 자본주의에서 직장이 존재하는 이유는 이윤추구이지만, 인간이 존재하는 이유는 행복추구이다. 그리고 행복을 추구하기 위해서는 서로에 대한 배려가 반드시 필요하고 칭찬과 이해는 바로 서로를 존중하게 만들 수 있는 윤활유가 된다.

part 7.
부부 사이의 대화법

1

부부 사이는 견원지간

1. 게임과 TV랑만 사는 오타쿠 남편
2. 혀에 불평과 독설 모터를 달은 아내
3. 결혼한 사실을 상실한 이기적인 남편
4. 매일이 사춘기인 딸 같은 아내

부부 사이는 정말 견원지간일까?

남녀 간의 벽을 좀체 허물어질 수 없는 걸까요? 아니면 다른 문제가 있는 걸까?

요새 인터넷을 보면, 남녀 논쟁을 비롯해

남녀 부부 사이에 그 벽이 점점 두텁게 쌓이는 것 같다.

현대사회로 올라올수록 남을 이해하기보다는 점점 자신의 생각과 고집이 더해져서 그 벽이 커지는데다가 남녀의 차이에서 비롯되는 여러 가지 문제가 더 해져서 지금의 논쟁을 불러일으키지 않나 싶다.

자세히 그런 내용을 들여다보면, 결국 자신의 잘못보다 상대방의 잘못을 탓하는 데서 비롯된 부분이 많다.

쉽게 말해, 남편의 이상형이 엄마처럼 이해심 넓고 다 포용해주는 여자, 아내의 이상형이 아빠처럼 다 해주는 남자인데 안 다투고 갈등이 생기지 않는 게 오히려 이상하다는 것이다.

어느 인터넷 사이트에 올라온 내용이다.

정회원 : 아 정말 남편 때문에 짜증나요.

준회원 : 왜요? 왜요? 왜요?

정회원 : 돈벌어오는 것 같고 유세 떠는 것도 아니고, 만날 자기 회사에서 힘들다고 휴일이면 집에서 나오질 않아요. 내가 시체랑 결혼한 건지… 거기다가 집안일 해주면 어디 덧나나 만날 나 몰라라 하고… 거기다 제사는 뭐가 그리 많은지…

저 그냥 이혼 할까 봐요…

정회원 : 남편이 등신이네… 차라리 그럴 거면 이혼하세요. 뭐하러 살아요? 님 나이가 보아하니 아직 젊으신 것 같은데. 그런 대접 받으면서 살 거면 차라리 돈 많고 괜찮은 남자 지천에 널렸으니 잘 생각해 봐요.

준회원 : 맞아요. 누가 요새 그런 시집살이를 하면서 살아요. 여자가 아깝죠.

정회원 : 그런가요?… 휴우…

이번엔 다른 사이트에 올라온 내용이다.

회원1 : 아 진짜. 결혼은 정말 말리고 싶어요. 뭐 그리 해달라는 게 많은지.

남자가 현금입출기도 아니고…

회원2 : 다 그렇죠. 뭐… 요새 여자들이 옛날 여자 같나요? 예전에는 고분고분했었는데.

요새는 시대가 변해 자기주장만 내세울 줄 알고, 남자 알기를 개불로 알죠…

회원3 : 진짜 지금은 결혼하면 남자가 손해예요. 능력 있으면 혼자 사는 게 나을 것 같아요.

회원4 : 맞아요. 결혼해서 돈 벌어다 주면 그걸로 땡이고, 자식 키워봤자 아버지는 철저히 무시당하고… 이럴 면 왜 결혼했나 싶어요.

회원1 : 정말 다시 생각 하는 게 좋을 것 같아요… 이런 결혼을 왜 하나 싶어요.

지금 한국사회는 삼포시대라고 한다. 연애, 결혼, 취업포기… 그 중에 결혼에 대한 남녀의 시각 차이와 생각의 차이가 점점 심해지는 것 같아서 안타깝다.

점점 개인주의적인 사고방식이 강해지는데다가 서로에게 바라는 것은 여전히 많은 부분이 문제가 된다.

그래서 그 기대치에 한참 못 미치기 때문에 남녀의 사이가 점점 견원지간이 되어가는 것이다.

바꿔 말하면 기대치를 낮추고 서로의 입장을 바꿔 생각하면 풀리는 부분이 많다는 얘기이다.

시대가 변한만큼 남자에게 의존하려는 성향을 버리고 독립성을 더 키우면 되고, 남자 역시 양육에 대한 책임을 여자에게 전가하지 않고 공동체 의식을 가지고 가정을 꾸리면 되는 부분인데, 자신의 잘못은 생각하지 않고, 상대방의 잘못과 생각만 물어뜯는 지금의 논쟁은 정말 안타까움 그 자체이다.

2
왜 갈등이 생기는가?

'님'에서 '남'이 되고 '놈'이 되는 부부관계

신혼여행에서 돌아온 수희 씨

앞으로 펼쳐질 남편과의 장밋빛 미래를 꿈꾸며 오늘도 남편 영철이 오기를 눈이 빠지도록 기다리고 있다.

'오늘은 어떤 찌개를 끓일까? 된장찌개? 아님 김치찌개?' '그래 이런 게 바로 신혼이야'하면서 깨가 쏟아질 상상을 하고 있다. "영철 씨, 이번 주말에는 어디 갈까? 강원도 펜션 갈까? 아님 오랜만에 물놀이 갈까?"

그리고 2년의 세월이 흘렀다. 처음에 깨가 쏟아질 것 같은 신혼

생활은 깨는커녕 화가 쏟아진다. 물론 좋은 시간도 있었다. 설렘도 있었다. 하지만 지금은 서로 소, 닭 쳐다보듯이 서로를 바라본다. '어쩌다 여기까지 왔을까?' 처음에 자상하고 배려 넘치는 모습은 어디 가고 지금은 와이프가 있는지 없는지 신경도 안 쓰고 잦은 외박과 신경질만 앞세우는 남편을 보며 '내가 왜 저런 인간이랑 결혼을 했을까?' 하고 스스로 자책을 해본다. 이제는 가끔 저 벽에 걸린 신혼사진을 불태워 버리고 싶은 충동에 휩싸인다.

남편 영철 씨도 처음부터 그랬던 것은 아니다. 아내의 연애했을 때의 애교와 사랑스러움은 결혼을 하면서 개에게 줘버렸나 보다. 애교는 괴이한 교태로 바뀌고 다정다감한 대화는 억척스런 엄마의 잔소리로 바뀐다.

'그래, 남들도 다 이렇게 살아. 그냥 참자.'라고 하지만 저 주방에 요리하고 있는 아내가 이제는 영화 '미저리'에 나오는 여배우로 생각된다.

직장에 가면 자기랑 잘 통하는 골드미스들이 즐비한데 집에만 들어오면 물먹는 하마 같은 와이프가 입이 턱에 걸릴 정도로 하품을 하며 '오늘 밥 먹고 오는 거야?'라고 나를 보는 건지 소를 보는 건지 하는 건성건성 말을 한다.

이제는 남도 아니고 마음속으로 쌍욕이 나오려고 한다.

'왜 내가 저 인간 때문에 내 인생을 허비해야 할까?' 하는 마음에 자고 있는 남편을 보면 화가 부글부글 끓어오른다. 코를 벌렁벌렁 거리며 자고 있는 모습을 보며 화가 벌렁벌렁치민다.

남편 영철도 없어서 못 먹는 오이를 반찬으로 해주기는커녕 자기 얼굴에 덕지덕지 붙이며 스스로 피부는 이민정이라며 위안을 삼는 모습을 보면, 드라큘라를 퇴치하는 퇴마사의 마음으로 거울을 비춰주고 싶은 마음뿐이다.

님이 남이 되고 놈이 되는 과정… 너무나 많은 가정이 현재의 모습이다.

3
남편의 불만

결혼 8년 차 최팔용 씨는 오늘도 친구와 술을 마신다.

처음 신혼 때는 아내와 어디를 놀러 갈지, 여름휴가엔 무엇을 할지 퇴근 후엔 장을 무엇을 볼지, 늘 아내와 함께하는 것이 즐거웠다.

하지만 요새 최팔용 씨는 아내의 소, 닭 보듯 하는 눈빛이 싫다. 집에 오면 집에서 키우는 강아지보다 못한 취급을 받는 느낌, 점점 코끼리 같은 몸매가 되어가는 아내를 상상하며 오늘도 고등학교 동창 김 군을 불러낸다.

김 군과 선술집에서 거하게 한잔하고 집에 들어가려고 하니, 목석 같은 아내를 보는 것이 너무 싫어진다.

그래서 친구를 꼬드겨서 2차로 룸살롱을 간다. 막상 거기에 가보니 그야말로 별천지다. 평소 드라마나 가요프로그램에 나올만한 여자들이 거기 다 있는 것이다. '내가 왜 이제야 이런 곳을 알게 되었지?' '그래 이게 바로 신세계구나.' 거기서 평소 아내와 하지 못했던 정말 다양한 대화를 하며 자신의 스트레스를 푼다.

이제 더는 갈 곳이 없어지자 새벽 4시경에 어쩔 수 없이 집으로 향한다.

집으로 가니 거실에 코끼리 같은 여자가 누워있다.

최팔용 : 아직 안 자구 뭐 해?

아내 : 이제껏 뭐 했어?

최팔용 : 알아서 모해? 내가 뭘 하든!

아내 : 돈을 얼마나 어디다 썼는데?

최팔용 : 어이쿠, 돈을 얼마나 썼는지 그게 걱정이었구먼, 내 얼굴만 보면 돈 생각 나냐?

아내 : 차라리 그냥 돈만 갖다 줬음 좋겠다!

최팔용 : 내가 미쳤지, 저런 여자와 결혼을 한 내가 죽일 놈이지. 눈이 삐어도 한 참을 삐었어. 제발 내 집에서 나가! 술 어딨어?

아내 : 경찰에 신고하지 전에 조용히 해!

최팔용 : 동네 사람들! 남편을 신고하는 여자 좀 보세요! 허이구

신고정신이 투철 하시네, 간첩까지 잡겠어. 집안 꼬락서니 잘 돌아간다! 난 안 들어 올 거야!

그리고는 다시 집으로 나와 어느새 포장마차에서 동네 술친구를 부른다.

최팔용 : 내가 미쳤지, 왜 쓸데없이 결혼을 해가지고…

친구 : 결혼이 뭐가 잘못이겠냐, 사람을 잘못 만난 게 잘못이지…

최팔용 : 그러니까 내가 눈이 삐였지. 왜 내가 저런 코끼리를 만나서 말야…

친구 : 그냥 그러려니 해… 부처가 자비를 베푸는 마음으로 살아…

최팔용 : 그러다 난 사리 나올 거야. 차라리 속세를 떠나는 게 낫지.

친구 : 그래도 어쩌겠어. 애를 봐서라도 살아야지.

최팔용 : 애만 아니었어도 당장 이혼이야… 진짜 내가 왜 그런 결혼을 해가지고.
생각만 해도 화가 치밀어 오르네… 에이 술이나 마시자…

처음부터 최팔용 씨의 행동이 이렇지는 않았다. 집에 가도 잔소리나 하고 불평불만을 늘어놓는 울화통 터지는 아내를 보느니 차라리 바깥으로 돌아다니는 것이 낫기 때문이다. 그래서 오늘도 최팔용 씨는 공허한 발걸음을 돌린다.

4 아내의 불평

오늘도 김말자 씨는 쇼핑을 한다. 오늘은 백화점에서 신상이 나오는 날이라서 개점하자마자 쏜살같이 찍어놓은 물건이 다른 사람의 품으로 갈까 봐 재빨리 뛰어나간다. 그리고 미리 선점한 핸드백을 사고 예쁜 브로치도 샀다. 그리고 친구들과 만나 수다를 떨며 남편의 흉을 본다.

김말자 : 우리 남편인지 뭐 시긴지 아휴 정말 숨 쉬는 것도 싫어.

수다녀 : 왜? 그래도 돈은 많이 갖다 주잖아.

김말자 : 돈만 벌어주면 모하냐. 같이 있는 것도 싫은데.

수다녀 : 왜? 너희 부부 대화 안 해?

김말자 : 한 2년 전부터 그런 것 없어. 대화는커녕 서로 소닭 보듯이 쳐다봐.

수다녀 : 그래도 애가 있잖아. 애를 봐서라도 잘 살아야지.

김말자 : 솔직히 애만 없으면 당장이라도 이혼하고 싶어. 이건 정말 그 놈 그림자만 봐도 싫고, 냄새만 나도 싫으니…

신혼 초에는 남편이랑 무엇을 할지, 어떤 취미를 같이 할지 늘 같이 하는 것에 대해서 고민을 했는데, 지금은 얼굴만 봐도 화가 치밀어 오르고 이가 갈린다. 기분도 안 좋은데 다시 친구를 불렀다.

김말자 : 오늘 저녁에 뭐해?

바람녀 : 오늘? 글쎄 잘 모르겠는데.

김말자 : 오늘 물 좋은데 가자.

바람녀 : 며칠 전에도 갔잖아.

김말자 : 이번에 새로 오픈한 바가 있는데 그렇게 좋데. 가자~

그리고 남편과 반대되는 물 좋은 남자들이 즐비한 술집에 가서 한참 친구들과 수다를 떨었는데 옆 테이블에 어떤 훈남들의 유혹에 넘어가 처음 본 이성과 술을 마시고 2차까지 가서 어묵에 소주를 마시고 어쩔 수 없이 집에 들어온다. 집에 들어오니 웬 오징어가 소파에서 맥주를 벌컥벌컥 마신다.

남편 : 지금 몇 신데 이제야 끼질러 들어와?

김말자 : 허이구, 다정다감 하셔라.

남편 : 내 말이 말 같지 않아?

김말자 : 응, 말 갖지 않아.

남편 : 정말 가관이다. 넌 네가 잘못해도 인정하지 않지?

김말자 : 그만 좀 해! 네가 내 아빠야? 어디서 명령이야?

남편 : 아이구, 잘났다 잘났어!

김말자 : 내가 너랑 사느니 우리 집 개랑 사는 게 낫겠다.

처음부터 이렇게 되리라고 생각하는 부인은 없다. 나쁜 부인은 처음부터 존재하는 것이 아니라 부부 간의 소통이 소원해 지면서 생기는 것이다.

모든 결과엔 원인이 있고, 둑이 무너지기 전에는 늘 구멍이 존재한다. 다만 그 구멍이 작기에 방치했을 뿐이다.

5

부부 간의 대화방법

침묵은 고통이다.

문제는 바로 침묵이다.

정확히 얘기하면 처음에는 대화를 하려고 했다. 그런데 문제는 대화를 시도하고 타협을 시도했지만, 일방적인 자기 입장만 얘기하는 상대방에게 질려버린 것이다.

그렇다면 침묵이 답일까? 아

니다. 침묵은 부부의 관계를 갉아먹는 좀 벌레 같은 것이다. 대화의 시도가 잘못된 것이 아니라 대화의 방법이 잘못된 것이다.

신혼 초의 그들의 대화이다.

수희 : 자기야 오늘은 황금 같은 일요일이니, 얼른 집안일 마치고 우리 나들이 가자.

영철 : 그래, 그럼 내가 집 안 청소를 할 테니, 자기가 설거지할래?

수희 : 역시 자기는 리더십 짱이다. 자기는 못 하는 게 모야?

영철 : ㅋㅋㅋㅋ 자기한테 칭찬 들으면 뭐라도 하겠다. 이렇게 사랑스런 울 마누라만 있으면 만수르도 안 부러워.

이랬던 그들의 대화는 이렇게 바뀐다.

수희 : …

영철 : 애들은 모해?

수희 : 웬일이야? 애들 안부를 묻고.

영철 : 아 진짜! 그만 비꽈, 꽈배기를 먹었나.

수희 : 이번 달에 얼마 갖구 와?

영철 : 내가 현금인출기냐? 왜 나만 보면 돈 타령이냐? 내 얼굴에

퇴계 이황 얼굴이라도 있냐?

수희 : 차라리 퇴계 이황이었으면 좋겠다, 어디 돈 들어갈게 한두 푼이야? 쥐꼬리만 한 월급으로 생활이 안 되니까 그렇지.

영철 : 그럼 대리운전이라도 해? 가뜩이나 만년 대리도 서운한데 대리운전까지 하냐구?

수희 : 아이구, 나도 지긋지긋하다.

계속 대화가 이렇게 되면서 점점 가뭄에 콩 나듯이 대화는 진행되고 결국 아예 사라져 버린다. 애증이나 미움보다 무서운 것이 무관심이다.

'대화가 통하지 않으니 말을 안 하는 것이 낫지', '말을 섞어봐야 나아질 게 없어' 라고 얘기하는 것은 부부관계를 비롯한 인간관계에서는 매우 위험한 방법이다.

또한 남편이나 부인을 바꾸려고 하지 마라. 20년 30년을 다른 환경에서 살아온 사람들을 바꾼 다는 것은 이기적인 생각이다.

상대방을 바꾸려 하지 말고 상대방을 존중해주어라. 그리고 내 입장을 생각하지 말고 상대방의 입장을 생각하려 노력하라.

기대가 큰 만큼 실망이 크기 마련이다. 그렇기 때문에, 상대방에 대한 기대치를 낮추는 생각이 중요하다.

시대는 가파르게 변하고 있고 사람들은 더욱 자기중심적으로 변하고 있다. 그렇기 때문에 파혼이 더 많아지는 것은 어쩌면 당연한 현실일지도 모른다. 하지만, 시대를 탓하는 것이 아니라 어떻게 소통을 할지를 고민하고 어떻게 배려를 할지를 고민한다면 그러한 현실은 얼마든지 바뀔 수 있다.

발상의 전환이 중요하다. 예컨대 운동을 해서 오른쪽 발목이 삐끗했을 때, '재수 없게 왜 하필 나에게 이런 일이 발생하는 거야.'라는 생각과 '그래도 이만하길 다행이다.'라고 생각하는 것은 천지차이다.

소통이 단절되고 극단적인 관계로 가는 대부분의 원인은 바로 '기대치'이다. '남편이니까 이 정도는 해줘야하지, 부인이니까 이렇게 해야지.'라는 기대보다는 '내가 남편을 위해, 또는 내가 부인을 위해 무엇을 할까?'를 고민하는 것이 더 중요하다.

물론 사랑과 소통은 절대 일방향적이면 곤란하다. 일단 기대치를 낮추고 내가 이렇게 하는 만큼 그 사람에게도 요구할 수 있는 것이 있다면, 조심스럽게 얘기하라.

일방적인 요구는 소통이 아니라, 고통이다.

6

금슬 좋은 부부가 되기 위한 대화방법

최팔용 씨는 가끔 노부부가 손을 잡고 공원을 거닐거나 산책을 하는 모습을 보며 신기한 생각을 한다. '어떻게 저 나이에 저렇게 손을 잡을 수 있지?, 저 부부는 혹시 부처가 아닐까? 자비를 베푸는 게 아닐까? 아님 불륜일까? 뭐지?' 등의 온갖 추측과 억측을 한다.

왜냐하면, 최팔용 씨에게 부부란 아이를 위해 존재하는 어쩔 수 없는 관계이기 때문이다. 최 팔용 부부는 그만큼 대화와 소통이 계속 안 되어 왔고 그것이 축적되어 지금은 거의 '그냥 사람이구나'라는 느낌만 있는 부부가 되었다.

바꿔 말하면 그 노부부는 오랜 기간 동안 서로 맞추고 소통하고 대화하고 타협을 했기에 손을 잡을 수 있는 관계가 형성되었다는 것이다.

인연은 타고 난 것이 아니라 만들어지는 것이라 생각한다. 또한, 부부가 금슬이 좋기 위해서는 하나에서 열까지 '이렇게까지 노력해야 하나?' 할 정도의 노력이 반드시 수반되어야 한다.

처음에는 사랑이라는 감정으로 어느 정도 부부관계가 극복이 될 수 있지만, 그 사랑이라는 감정은 그동안 다르게 살아온 환경과 차이를 극복하기엔 역부족이다.

그렇기 때문에, 상대방을 이해하려는 노력이 필요하다. 즉, 부부간의 사랑은 시작이 중요한 것이 아니라 지속이 더 중요하다는 얘기이다.

굳이 내가 원하는 사람으로 만들려 하지마라. 내가 원하는 사람으로 만드는 노력은 그 사람을 위한 배려와 사랑이 아니라, 나 자신을 위한 이기적인 사랑이다.

나와 똑같은 사람은 세상에 없다.

차이를 인정해야 한다. 그리고 서로 맞추어가려는 노력을 해야 한다. 즉, 내 것으로 만들기 위한 노력이 아니라 우리의 것으로 만들기 위한 노력을 해야 한다.

가령, 신혼초기에는 서로를 위해 '이 사람이 좋아하는 것이 뭐지?', '뭘 해야 이 사람이 기쁠까?'라고 생각하는 것처럼 매일이 처음과 같아야 한다.

황혼이혼이 많아지는 이유는 자신의 사랑 방식과 자신의 삶만을 고집하고 상대방을 인정하지 않기 때문이다.

즉, 상대방을 이해하기보다는 상대방이 나에게 맞춰지기를 기대하기 때문에 실망을 하고 그 실망은 배신으로 바뀌게 되는 것이다.

가끔 약수터를 함께 손잡고 걸어가는 황혼의 아름다운 부부를 보면 '저분들의 발자취는 어땠을까? 저렇게 손을 잡고 걸어가기 위해 얼마나 노력했을까'가 절로 느껴진다.

어찌 보면, 처음에 사랑의 관계보다 매 순간 노력하려는 자세가 더 중요하다고 할 수 있다.

예를 들어, 친구 관계를 들어보면, 우정이라는 이유로 '저 친구는 내 모든 것을 이해해주겠지.'라는 생각으로 소홀히 대하거나 막대하기 시작하면 결국 그 우정을 지속될 수가 없듯이, 부부관계도 신뢰가 매우 중요하기 때문에 '사랑'을 유지하려는 '노력'이라는 윤활유가 절대적으로 필요하다.

부부관계는 절대 저절로 얻어지지 않는다.

금슬 좋은 부부의 해답도 바로 절대 매 순간의 '노력'으로 쌓아진 '금자탑'이다.

part 8.

가족의 대화법

1
콩가루 가족

요새는 '무자식이 상팔자'라는 말이 통용되고 있다.

예전에는 자식이 있으면 늘그막에 외롭지도 않고 자신을 돌볼 수 있는 효자손 같은 역할을 한다는 든든함이 있었지만, 지금은 부모와 자식의 끊임없는 불화와 논쟁으로 얼룩져 있는 슬픈 현실에 직면해 있다.

이제 갓 60을 넘은 최팔용 씨 부부는 자식을 생각하면 한숨이 나온다.

아들 용석이가 태어났을 때는 너무나 귀엽고 사랑스러웠고, 최팔용 부부의 낙이었다.

아들과 놀러갔던 일, 아들 입학식과 졸업식, 그리고 군대 가서 마음이 허전했던 날… 결혼을 앞두고 시원섭섭했던 그 날들을 생각이 아련히 생각한다.

하지만, 오늘 아침에도 용석이는 사업자금을 달라며 최팔용 부부를 조른다.

사실 이번이 처음이 아니다. 그 전에도 외식사업을 한다며 자금을 달라고 해서 이미 재산의 반을 줬고, 이번에도 마지막이니 한 번만 도와달라고 적선 아닌 적선을 해서 다 퍼 주다 보니, 이제 남은 건 몸뚱이 밖에 없다.

자식 대학 보내랴 장가보내랴 하며 이미 최팔용 씨 부부는 노후 연금은커녕 낼 모래 퇴직 후가 걱정인데 자식은 그걸 아는 건지, 아님 지입장만 생각하는 건지 한 대 쥐어박고 싶을 때도 많고 '내가 왜 저런 자식을 낳았나.' 하는 후회가 막급하다.

옆집 친구의 자식은 환갑이다 하며 여행도 보내주고 용돈도 두둑하게 주고, 차도 바꿔 줬다는데 이놈의 자식은 정말 내 자식인지 이자식인지 구별이 안 간다.

어쩌다 이지경이 됐을까?

이건 자식이 아니라 원수이다. 이건 사채업자도 이런 사채업자가 없다.

오늘도 최팔용 씨는 답답한 마음에 담배를 피러 나간다.

2 자식과의 대화법

강남 엄마 이미선 씨의 목요일 하루는 다음과 같다.

7시 - 기상 아들 밥 챙기기

8시 - 등교준비하기

9시 - 학교 보내고 집으로 와서, 영수 과외 알아보기

3시 - 아들 하교 기다리기

4시 - 영어 학원 데리고 가기

5시 - 영어 과외

6시 - 저녁 준비 및 식사

7시 - 수학학원

8시 - 수학과외

9시 - 문제풀이

10시 - 내일 학교용품 챙기기

11시 - 세면 및 잘 준비

12시 - 취침

얼핏 보면 고 3 스케줄 같기도 하고 군대일정 같기도 한 초등학교 5학년 민혁이의 하루 일과이다.

문제는 이것이 현실이라는 것이다. 왜 이렇게 키우느냐고 물어보니, 아들은 자신처럼 되지 말라고 시작이 중요하다고 하다.

자식은 부모가 아니요, 부모의 미니미도 아니다.

일단 '자식은 나와 별개의 인격이다'라는 생각을 하는 것이 중요하다. 그렇지 않다면, 평생 자식이라는 굴레에서 벗어나지 못한다. 좋은 부모는 자신의 의지대로 자식을 키우는 것이 아니라, 자녀가 잘하는 것을 키워주는 것이다.

그렇다면 자연스레 소통도 되는 것이다. 나중에 아이가 커서 새장 속의 새가 되기 싫다며 반항을 할 때 그 허탈함은 이루 말할 수 없기 때문이다.

그렇지만, 처음부터 아이를 개별적 인격체로 인식한다면, 나중에 친구 같은 부모와 자식사이가 될 수 있다. 그래서 자녀의 의견을 물어보고 자녀와의 대화를 통해 일방적 소통이 아닌 양 방향적 소통을 하는 습관을 키우는 것이 중요하다.

자식은 부모의 인형이 아니다.

자식을 별개의 인격체로 인식하고 대우할 때 비로소 존중과 소통이 생겨날 수 있다. 그래서 늘 어떤 결정과 선택을 할 때 부모 중심의 의견이 아니라 자식의 의견과 견해를 듣고 조율과 타협을 해야 민주적인 소통이 이뤄질 수 있다.

어느 아버지와 아들과의 대화이다.

아들　: 저예요.

아버지 : 요새 공부는 잘 되가?

아들　: 그냥 이것저것 스트레스 받아.

아버지 : 다들 스트레스 받는 거지 모. 이제 얼마 안 남았어. 정신 바짝 차려.

아들　: 공부 얘기 하지 마. 내가 알아서 할께.

아버지 : 넌 재수는 안 돼. 무조건 인서울이야.

아들　: 아, 진짜 스트레스 받아. 그만 좀 해!

아버지 : 이게 어디서 소리를 지르고 있어!

아들　: 아빠 쫌!

어느 어머니와의 대화이다.

엄마 : 그 애는 안 만나지?

딸 : 어 그냥 모.

엄마 : 그냥 모? 아직 만나는 거야?

딸 : 아 왜? 만나면 왜 안 되는데?

엄마 : 몇 번을 말해? 내세울 만한 직장도 아니고 미래도 안 보이고.

딸 : 나도 벌면 되잖아. 요새 다 같이 벌어.

엄마 : 엄마가 얼마나 고생해서 니네들을 키우는지 몰라? 고생 안 시키려고 하는 거 아냐!

딸 : 아 엄마. 좀 그만하면 안 돼? 내 인생 그냥 냅둬. 내가 알아서 살게!

엄마 : 뭐? 너 엄마한테 그게 할 소리야?

딸 : 엄마 그만 좀 해!

아버지가 아들한테 이렇게 얘기하면 어떨까?

아들 : 저예요.

아버지 : 밥 먹었니?

아들 : 그냥.

아버지 : 밥 잘 챙겨 먹어. 콧소리 나는 거 같은데, 감기 안 걸렸냐?

아들　: 아냐 괜찮아. 아빤?

아버지 : 어 나 안 먹었는데 같이 먹자.

아들　: 아냐 나 지금 학원가야 돼.

아버지 : 냉장고에 모 챙겨놨으니 그거라도 얼른 먹구 가.

Tip

자식과 얘기를 할 때는 소소한 얘기를 나누는 것이 좋다. 같은 말을 반복적으로 하거나, 자식이 부담을 느끼는 얘기를 할 때마다 거리는 점점 멀어진다. 서로 부담 갖지 않는 일상적인 대화, 공통적인 관심사를 가지고 얘기하는 것이 돈독해지는 지름길이다. 또한 부모와 자식의 가깝고도 먼 관계… 부모님이 자식에게 거는 기대와 관심이 클수록 자식은 더욱 스트레스를 받을 수밖에 없다. 부모님이 기대치를 낮추고 자식을 별개의 인격체로 다룬다면 아마도 지금의 먹통의 소통이 많이 완화될 것이다.

바꿔 말하면, 부모님은 부모님이고 자식은 태생적으로 자식일 수밖에 없다는 것을 인식하면, 그리고 그 둘 사이의 차이를 너무 좁히지 않으려고 한다면 관계가 인정되기 시작하고 그 순간 소통은 시작이 된다는 이야기이다.

3
부모와의 대화법

부자유친이란 말은 말 그대로 부모와 자식의 밀접한 유대관계를 얘기하는 것이다.

그런데 사실 요새는 부모와 자식이 그렇게 친하지만도 아닌 것 같다.

정확히 얘기하면 부모와 자식 간의 소통이 되지 않기 때문에 가까이 있어도 가까워지기 어렵고, 편한데 편한 것 같지 않은 오묘한 관계가 된다는 것이다.

부모님과 함께 사는 노총각 이정만 씨는 요새 고민이 많다. 그 중 하나가 아버지와의 소통 때문이다.

퇴근 후 어느 날 아버지와의 대화이다.

이정만 : 저 왔어요.

아버지 : 그래, 그나저나 요새 만나는 사람은 있냐?

이정만 : 아뇨, 일이 바빠서 요샌 만나려도 만날 수가 없어.

아버지 : 그럼 소개팅인가 뭐 그런 거라도 잡아봐.

이정만 : 아버지, 그냥 내 일은 내가 알아서 할께.

아버지 : 뭐? 이놈아?

이정만 : 암튼, 아버지… 그 얘기 말고 다른 얘기도 많이 있잖아요.

아버지 : 넌 부모한테 불효하는 거야.

이정만 : 아버지 좀 그만해요!

올해 대학생 이민정 씨는 매일 반복되는 엄마와의 다툼에 지쳐간다. 어머니는 딸의 걱정에 여러 가지 얘기를 하지만, 그것이 이민정 씨에겐 잔소리로 밖에 들리지 않으니 정말 미치고 팔짝 뛸 노릇이다. 방과 후 어느 날 어머니와의 대화이다.

어머니 : 오늘 학교는 어땠어?

이민정 : 그냥 뭐 그랬지 모…

어머니 : 그래? 근데 오늘 모 하느라고 이렇게 늦게 들어왔어?

이민정 : 모가 늦어? 이제 11시 반인데…

어머니 : 이놈의 지지배가? 지금이 어떤 세상인데? 얼마나 세상이 흉흉한데?

이민정 : 알았다고, 조심하잖아…

어머니 : 그나저나 옷차림이 그게 뭐냐? 가슴팍이 다보이게? 나 좀 보세요. 뭐 그런 거냐?

이민정 : 아 그럼 꽁꽁 싸 매구 다녀? 저고리 입고 두루마기 입구 다닐까?

어머니 : 저놈의 지지배가? 말버릇하고는…

이민정 : 엄마 그만 좀 해! 엄마랑은 말이 안 통해!

이런 대화방식도 하나의 좋은 방법이다.

이정만 : 저 왔어요.

아버지 : 그래, 그나저나 요새 만나는 사람은 있냐?

이정만 : 아뇨, 일이 바빠서 요샌 만나려도 만날 수가 없어.

아버지 : 그럼 소개팅인가 뭐 그런 거라도 잡아봐.

이정만 : 알았어, 하늘을 봐야 별을 따지.

아버지 : 참내…

이정만 : 암튼, 아버지… 요새 어깨 아픈 건 괜찮아?

아버지 : 어깨? 그거야 뭐 시간이 약이지 모.

이정만 : 제 때 제 때 치료받으셔야지.

또 다른 좋은 예도 있다.

어머니 : 오늘 학교는 어땠어?

이민정 : 그냥 뭐 그랬지 모…

어머니 : 그래? 근데 오늘 모 하느라고 이렇게 늦게 들어왔어?

이민정 : 에이 모가 늦어? 이제 11시 반인데…

어머니 : 이놈의 지지배가? 지금이 어떤 세상인데? 얼마나 세상이 흉흉한데?

이민정 : 알았어. 조심할게.

어머니 : 그나저나 옷차림이 그게 뭐냐? 가슴팍이 다보이게? 나 좀 보세요. 뭐 그런 거냐?

이민정 : 알았어. 그래도 엄마도 쫌 만 이해해 주라. 지금이 조선시대도 아니구.

어머니 : 위험하니까 그렇지.

이민정 : 알았어. 그게 뭐 내 옷차림 때문인가? 내 미모 때문이지.

부모의 자식이 잘되고 비뚤어지지 않길 바라는 마음은 어쩌면 본능이기 때문에 자식입장에서도 그 부분을 조금만 이해하는 것이 중요하다.

세상에 자신을 낳아주고 길러주는 사람이 부모 말고 또 어디에 있겠는가? 그러니 말과 행동을 하기 이전에 한 번만 부모 입장에서 생각하고 조금만 부모의 말을 이해하려고 하는 것이 무엇보다 중요하다.

Tip

내 관점에서 부모를 보기 전에 부모님 입장에서 한 번 더 생각하고 얘기를 한다면 부모의 마음에 못을 박는 일은 없을 것이다. 부모와의 환경 세대 차이는 어쩔 수가 없는 것이고 부모가 자식을 생각하는 마음에 관심이 지나치거나 잔소리를 하는 것임을 이해해야 한다. 부모를 바꿀 수는 없다. 부모를 바꾸려는 순간 스트레스는 지속되고 더해진다. 부모를 바꾸는 것이 아니라 부모님을 대하는 나의 마음자세와 방법을 달리해야 한다.

그것은 포기가 아니라 유연한 대처라고 말하고 싶다. 그런 서로의 입장 차이를 이해하고 부모님을 대하는 내가 변한다면 부모 자식과의 관계가 멀어지는 일은 없을 것이다.

4

화목한 가정을 위한 대화방법

화목한 가정을 보면 떠올리는 것이 무엇일까?

'노력'만큼 아름다운 단어가 있을까?

최팔용 : 잠깐 이리 좀 와봐.

아들 : 어?

최팔용 : 오라면 오라지 말이 그리 많아?

아들 : 무슨 일 인데?

최팔용 : 너 공부는 좀 어때? 이번에 성적 좀 올랐어?

아들 : 노력은 하는데 그게 잘 안되니까 그렇지.

최팔용 : 난 공부를 잘했는데, 넌 누굴 닮아서 그러냐?
우리 가문엔 공부를 못하는 사람이 없었어.

아들 : …

이런 가정도 있다.

김숙자 : 여자는 무조건 시집을 잘 가야 하는 거야…

딸 : 알았어요. 근데 저 만나는 남자 있어.

김숙자 : 그때 말했던 그 회사원?

딸 : 어.

김숙자 : 무조건 안 돼! 신세 망칠 일 있니? 모은 재산도 없는 족보도 없는 놈이 어디서 감히 말이야!

딸 : 근데 내가 그 사람을 좋아해.

김숙자 : 이그 철딱서니 없는 것. 네가 세상 물정을 몰라서 그래. 남자 잘못 만나면 평생 가난하게 살아야 하는 거야.

딸 : 나도 능력 있고 돈도 벌어.
서로 좋아하는 데 무슨 상관이야?

두 가정 모두 소통의 문제가 많아 보인다.

첫 번째 가정은 소통의 방식이다. 일방향적 소통이 문제가 되는 것이다. 가족이라는 이름으로 너무 편하게 생각하는 것은 아닌지 그리고 그것을 당연시 여기는 게 아닌 지를 한 번 더 생각해야 할 때이다.

두 번째 가정 역시 어머니 김숙자 씨가 바라는 것을 주입하는 소통에 지나지 않는다. 부모든 자식이든 중요한 것은 개별적인 인격체라는 것이다. 그렇기 때문에 자신의 의견과 다름이 잘못이 아니라는 인식을 하는 것이 무엇보다 필요하다.

나의 기대치는 이만큼인데 상대방이 그 기대치를 따르지 못하게 되면 실망이 생기게 마련이다. 즉 어떤 것을 얘기할 때 그것이 정말 그 사람을 위함인지 아니면 나 개인의 욕심인지를 잘 구별해야 한다.

5

21C형 가족의 소통방법

이제는 가족의 형태가 바뀌었다.

예전에는 다 같이 모여 살아서 여러 가지를 함께하는 것이 중요했다면, 지금은 자녀도 한, 두 명밖에 없는 핵가족의 시대로 변모하고 있다.

그렇기 때문에 부모님의 입장에서는 더욱더 자식에 대한 애착이 강할 수밖에 없고, 자식입장에서는 더욱더 의존하려는 경향이 강해졌다.

그러다 보니 부모님은 자식에게 요구하는 것과 바라는 것이 더욱 많아 졌고, 그 기대에 못 미치게 되면 실망과 서운함이 쌓이고 마찬가지로 자식도 부모에게 기대하는 것이 더욱 더 많아지고 있다.

기대가 크면 실망이 커지기 마련이다. 혈연일수록 그러한 경향이 커지기 마련이다.

옛말에 '가까운 사이일수록 더욱더 예의를 지켜라' 라는 말이 있듯이 가족일수록 더욱 구성원의 의견을 존중하는 것이 중요하다. 그리고 나의 부속이라는 개념에서 친구라는 개념으로 변화할 때이다.

친구관계라는 것이 고민이 있거나 대화를 할 때 서로 상의하는 것처럼 가족관계도 수직관계의 경직된 관계보다는 수평관계에서 소통이 원활하게 이루어 질 수 있다.

어느 가정의 대화이다.

아버지 : 내일 2시에 가족끼리 등산가기로 했으니, 너도 무조건 와.

딸 : 안돼요. 저 내일 친구랑 약속 있어요.

아버지 : 가족행사보다 더 중요한 게 어딨어? 무조건 안 돼.

딸 : 그 친구랑 한 달 전에 이미 계획한 약속이야. 절대 취소할 수 없어.

아버지 : 이 기집애가 어디서 말대꾸야?

딸 : 아빠는 왜 맨날 강압적으로 그래요? 내 의견도 중요하잖아.

아버지 : 안 되는 건 안 되는 거야. 가족행사보다 중요한 게 어디 있어?

딸 : 아빠랑은 대화가 안 돼.

이번에는 다른 가족의 대화를 엿들어 보자.

아버지 : 요새 공부하느라 많이 피곤하지? 내일 가족끼리 외식하려고 하는데, 시간 돼?

아들 : 앗, 아빠 낼은 친구랑 중요한 약속이 있어.

아버지 : 아 그래? 꼭 참석해야 하는 약속이야?

아들 : 웬만하면 외식을 가고 싶은데 미리 계획된 약속이라 취소하기가 어려워.

아버지 : 그래? 이번엔 네가 먼저 계획된 거니 어쩔 수 없지 모. 그럼 다음 주엔 어때?

아들 : 어 괜찮아. 미안해. 아빠

아버지 : 아냐, 나도 미리 얘기했어야 하는데 그렇지 못해 미안하지 모.

두 가족의 대화의 차이는 수직관계냐 수평관계냐 하는 부분이다.

수직관계에서는 소통자체가 어렵다. 왜냐하면 강압적인 분위기와 경직된 분위기에서는 대화의 유연성이 많이 떨어질 수밖에 없기 때문이다.

21C 가족에서 가장 중요한 부분은 소통이다. 그리고 그 소통은 내가 생각하는 방법이 아니라 상대방의 입장에서의 대화와 소통이어야 한다. 제대로 된 소통이 없는 가정은 고통이 될 수밖에 없고 침묵은 미덕이 아니라 불편함이다.

서로 편하게 자신의 고민을 이야기하고 또한 대화와 타협을 통해 성숙된 가정을 이루려면 그 첫 단계는 어떤 환경에서 소통을 하느냐 하는 부분이다.

가족 구성원이 서로를 존중하고 배려한다면 유연한 소통이 이뤄질 수밖에 없다는 것을 꼭 얘기하고 싶다.

1. SNA 온라인강의 특징

STEP 1
- PPT를 통해 교육생의 이해를 돕는 세심한 강의

STEP 2
- 강사위주의 일방적 강의가 아닌 교육생 중심의 1:1 소통 강의

STEP 3
- 연기와 스피치의 기초부터 실전에 이르기까지의 체계적 교육과정

STEP 4
- 최적화된 온라인 교육환경 (HD시스템, 스마트 폰 지원)

2. SNA 오프라인 교육특징

연기교육	스피치교육	특강교육	기업체강의
입시생, 오디션, 기획사 소속배우 1:1레슨	자신감, 발음교정, 면접, 프레젠테이션 선거, 논술, 스피치 1:1레슨	연기-화술, 제스처, 감정, 면접, 합격비법 스피치-보이스코칭 면접, 프레젠테이션	연기-실전연기 연기심리치료 스피치-실전면접 실전프레젠테이션 소통방법, 설득기술